Cocina sin vergüenza

MARTÍN BERASATEGUI (Donostia, 1960), el único cocinero español con doce estrellas Michelin, es uno de los grandes del panorama internacional por méritos propios. La enorme inquietud y pasión que siempre ha demostrado por su trabajo le han situado en lo más alto y solo aspira a seguir disfrutando de lo que realmente le gusta: guisar y transmitir su saber a las nuevas generaciones. También en el terreno de la cocina doméstica. Por algo el tesoro más preciado de Martín son su familia y amigos, a quienes gusta agasajar con sus recetas.

No es de extrañar que uno de sus mayores logros en su dilatada carrera haya sido el reconocimiento de su ciudad y el cariño de sus vecinos, que, como él, consideran capitales los asuntos del comer y del beber.

Para saber más sobre el autor:

www.martinberasategui.com

DAVID DE JORGE E. nació el 4 de octubre de 1970 en Hondarribia. Inquieto por naturaleza, se atreve a meter el morro en otros fogones derrochando sabiduría gastronómica y goce alimenticio en fantásticas piezas que publica en varios medios y soportes: escribe para *El Correo* y *Diario Vasco*, ha colaborado en ETB2, Tele5, La Sexta, en las radios Onda Cero, RNE, Cadena SER y Radio Euskadi, y alimenta un blog llamado *Atracón a mano armada*. En el sello editorial Debate ha publicado *Con la cocina no se juega* (2010), *Más de 999 recetas sin bobadas* (2012) y *Más de 100 recetas adelgazantes pero sabrosas* (2014), estos dos últimos en coautoría con Martín Berasategui. Formado en algunos de los restaurantes más prestigiosos del mundo, ha cocinado junto a maestros como Arbelaitz, Guérard, Chibois, Subijana o Berasategui, de quien además es socio.

Para saber más sobre el autor:

www.daviddejorge.com

DAVID DE JORGE
MARTÍN BERASATEGUI

Cocina sin vergüenza

DEBATE

Papel certificado por el Forest Stewardship Council®

Primera edición: noviembre de 2020

© 2020, Gourmandia Gastronomía, S. L.
© 2020, Penguin Random House Grupo Editorial, S. A. U.
Travessera de Gràcia, 47-49. 08021 Barcelona

Diseño de la cubierta: Penguin Random House Grupo Editorial / Andreu Barberan
Ilustraciones de la cubierta: Getty Images
Fotografía de los autores: Gourmandia Gastronomía, S. L.

Printed in Spain – Impreso en España

ISBN: 978-84-18006-96-8
Depósito legal: B-11.638-2020

Compuesto en Pleca Digital, S. L. U.
Impreso en Gómez Aparicio, S. L.
Casarrubuelos (Madrid)

C 006968

Penguin
Random House
Grupo Editorial

ÍNDICE

APOLOGÍA DEL DEJORGISMO

Es difícil olvidar la primera vez que uno conoce a David de Jorge. En mi caso ocurrió en Madrid, en la antigua sede de la editorial Debate, adonde había acudido alegando alguna excusa banal (la edición de un libro de Harold McGee, creo). Pronto quedó claro el auténtico motivo de su visita: una incontenible y expansiva curiosidad por la editorial y por el mundo de los libros. Mientras le enseñábamos la oficina, no podía evitar husmear casi cada estantería y fijarse en libros nuevos, viejos y de mediana edad, con un brillo extraño en la mirada. Un brillo y una curiosidad que luego he visto en bastantes otras ocasiones, sobre todo cuando toma al asalto la cocina de cualquier restorán, tasca, casa de comidas o tugurio que tenga la buena fortuna de recibirle. Dice hola al maitre y en tres segundos está abrazándose con todo el personal de cocina mientras sus cocomensales observamos entre intimidados y divertidos como David seduce a todos los presentes y pregunta sin parar con el mismo interés y respeto en un tres estrellas que en un bar de pueblo, porque su interés es genuino.

Libros y cocinas son así las dos cuestiones que le fascinan, y dos fascinaciones que compartimos. Gracias a su generosidad conocí al gran Martín Berasategui y a la no menos grande liebre a la royal de Lasarte (donde me hubiera quedado a vivir), paseamos por las bodegas del Via Veneto en Barcelona, salí dibujado en un cómic de Javirroyo y reinamos en los bares de Segovia una noche absurda. Además, ha publicado hasta cinco libros con nosotros, seis con esta *Cocina sin vergüenza* (¿o es sinvergüenza?). Dos recetarios con Martín; la historia gráfica de los dos socios, dibujada por Javirroyo; un himno ilustrado a la tortilla de patata, también con Javirroyo; y el primer libro, quizá el más especial porque es el más genuinamente David, *Con la cocina no se juega*, en cuya portada David repetía el truco del tragafuegos y unas llamas espectaculares le salen de la boca. Ese libro contiene lo más cercano a una filosofía dejorgiana, a un manifiesto de alguien que detesta los manifiestos. Esa filosofía se resume en dos postulados irrenunciables: odio acérrimo a las bobadas y total concentración en el disfrute. También contiene ese libro, todo sea dicho, lo más cercano a una apología del canibalismo que se haya escrito en castellano. O contenía, al final le convencí de eliminarlo, para escándalo y risas del autor.

Ese espíritu antisolemne y disfrutón está en todo lo que hace David, ya sea tele, cocina o libros, y desde luego está en este nuevo recetario que recoge platos suyos y de Martín Berasategui de los últimos años. Espero que ese sea el espíritu con el que lo lean. ¡Viva Rusia!

MIGUEL AGUILAR

Aperitivos

APERITIVO DE AGUACATE

INGREDIENTES

350 g de aguacate maduro
20 ml de zumo de limón
1 guindilla fresca
1 cucharada de pimiento rojo
1 cucharada de cebolla morada
Sal y pimienta

Además:

Patatas tipo chips freídas en aceite de oliva virgen extra

PREPARACIÓN

· Picar el pimiento y la cebolla morada en *brunoise* fina, bien pequeñitos.
· Picar la guindilla fresca.
· En un procesador triturar el aguacate junto con la guindilla picada y el zumo de limón. Triturarlo bien hasta que quede fino.
· Añadir la cebolla y el pimiento picados, poner a punto de sal y pimienta, y listo.

Servir en una bandeja grande llena de patatas fritas, repartida en tres cuencos llenos de la crema de aguacate.

APERITIVO DE QUESO

INGREDIENTES

250 g de queso tipo gruyer rallado
4 yemas de huevo
1 sopera de tocineta picada en dados bien pequeños
Tostadas de pan blanco
Cabeza de jabalí loncheada

PREPARACIÓN

· Precalentar el horno a una temperatura entre 180 y 200 °C.
· Mezclar en un bol la yema de huevo, el queso gruyer rallado y los dados de tocineta
y dejar enfriar.
· Una vez frío formar pequeñas bolas y, unos momentos antes de servir, colocar una bola
de queso sobre una tostada de pan y meterla en el horno durante 3-4 min.
· Al sacarlas del horno podemos acompañarlas con una loncha de cabeza de jabalí
por encima o con lo que más nos apetezca: jamón de pato, cecina, etc.

BUÑUELOS DE JAMÓN Y QUESO

INGREDIENTES

100 g de mantequilla
250 ml de agua
1 pellizco de sal
1 pellizco de azúcar
200 g de harina
6 huevos
200 g de queso tipo comté rallado
150 g de jamón ibérico muy picado

PREPARACIÓN

· Poner a calentar aceite de oliva para freír los buñuelos.
· Fundir la mantequilla en una olla con el agua, la sal y el azúcar.
· Cuando hierva, añadir de un golpe la harina y mezclar con una cuchara de palo hasta que la masa se separe del fondo y haga bola.
· Fuera del fuego agregar los huevos batidos de uno en uno, el queso y el jamón.
· Con dos cucharas hacer pellizcos y dejarlos caer en el aceite caliente, friendo los buñuelos de a pocos y durante unos minutos, para que se cocinen bien en el interior.
· Probar los primeros buñuelos para rectificar la sazón de la masa. Si es necesario, añadir más sal o 1 pizca de pimienta.
· Escurrirlos sobre papel absorbente.
Listo.

BUÑUELOS DE MORCILLA

INGREDIENTES

2 morcillas de cebolla
150 g de harina de tempura
200 ml de agua muy fría

PREPARACIÓN

· Hervir agua en una olla.
· Apagar el fuego e introducir durante 4 min. las morcillas sin pinchar.
· Retirarles la piel y obtener solo el relleno.
· Meterlo en un bol y enfriarlo.
· Echar la harina de tempura en un bol e ir añadiendo el agua y mezclando con la varilla, sin preocuparnos por si salen grumos.
· Con un par de cucharillas o con la mano, hacer bolitas de morcilla y sumergirlas en la masa de tempura.
· Escurrirlas y sumergirlas en aceite de oliva puesto al fuego, friéndolas a fuego suave para que hagan costra, se doren y se calienten por dentro.
· Escurrirlos sobre papel absorbente.
Listo.

CREMA UNTABLE DE ALMENDRAS Y CURRY

INGREDIENTES

250 g de almendras tiernas repeladas
4 dátiles secos
4 albaricoques secos
3 cucharaditas de pasta de sésamo
1 diente de ajo
1 chorrete de aceite de oliva
150 g de queso tipo Philadelphia
2 soperas de granos de sésamo
1 pizca de curry molido
El zumo de 2 limones
Verduras tipo *crudité* (apio, zanahoria, pimiento, pepino, calabacín, espárragos, judías verdes)
Sal y pimienta

PREPARACIÓN

· Remojar unas horas antes las almendras, los dátiles y los albaricoques.
· Sobre la tabla, con la ayuda de un cuchillo afilado, cortar en dados los dátiles y los albaricoques escurridos.
· Escurrir las almendras y echarlas en el vaso americano con la pasta de sésamo, el ajo, el zumo de limón y el aceite, triturando a máxima potencia.
· Una vez hecho el puré, añadir el queso y rectificar la sazón.
· Refrescar en la nevera.
· Poner la crema en un cuenco, espolvorear los dátiles, los albaricoques, el sésamo y el curry, y verter 1 chorrazo de aceite de oliva, como si fuera un *hummus* tradicional. Listo.

Colocar alrededor del cuenco todo tipo de verduras crudas en bastones + galletas crackers + picos + flautas, para ir untando y comiendo la crema.

PINCHO DE SARDINA AHUMADA

INGREDIENTES

6 pimientos del piquillo
1 diente de ajo
1 ramillete de perejil
1 pizca de tomate concentrado
4 rebanadas de pan tostado
4 soperas de pasta de olivas
4 lomos de sardina ahumada
1 trozo de queso de Idiazábal
1 pizca de aceite de oliva virgen extra

PREPARACIÓN

· Cortar los pimientos en tiras finas.
· Aliñarlos con ajo, perejil, aceite y tomate concentrado y salpimentar.
· Untar las 4 rebanadas de pan con la pasta de olivas.
· Colocar encima los pimientos aliñados.
· Sobre cada pan, colocar 1 sardina.
· Colocar unas lascas de queso por encima.
Listo.

PINCHO DE TOMATE, MOZZARELLA Y ANCHOAS

INGREDIENTES

4 rebanadas de pan tostado
1 diente de ajo
2 tomates medianos rallados
1 chalota picada
1 ramillete de perejil
1 mozzarella
12 anchoas en salazón
Orégano fresco
Aceite de oliva virgen extra

PREPARACIÓN

· Refregar los ajos sobre las rebanadas de pan tostado.
· Colar la pulpa del tomate para eliminar el exceso de agua y quedarnos con la pulpa.
· Aliñar la pulpa con la chalota, el perejil cortado a tijera y aceite de oliva.
· Colocar el tomate aliñado sobre las rebanadas de pan.
· Cubrir con la mozzarella rota a bocados y las anchoas en salazón.
· Espolvorear las hojas de orégano.
Listo.

PINCHO BURGER

INGREDIENTES

1 cebolleta hermosa
2 dientes de ajo
4 panes tostados tipo pincho
2 tomates de colgar
4 hamburguesas de ternera pequeñas
4 huevos de codorniz
1 sopera de kétchup
1 sopera de mostaza
Salsa tabasco
Pimentón de La Vera

PREPARACIÓN

· Cortar la cebolleta en tiras finas, dorarla en una sartén con aceite y ajo machado
y salpimentar.
· Frotar los panes con el ajo y el tomate de colgar, y rociarlos con aceite y sal.
· Apartar las cebolletas del fuego a un bol.
· En el mismo fondo en el que hemos dorado las cebolletas, tostar las hamburguesas
vuelta y vuelta, dejándolas al punto deseado.
· Colocar los panes sobre una tabla con papel.
· Sobre el pan, poner el encebollado y las hamburguesas doradas.
· Pasarle un papel a la sartén en la que hemos tostado las hamburguesas para
que no se nos peguen los huevos. Hacerlos con una gota de aceite hasta que la clara
cuaje y la yema quede jugosa.
· Mientras, sobre cada hamburguesa poner 1 golpe de kétchup y otro de mostaza.
· Posar los huevos recién hechos sobre cada hamburguesa y pringar las yemas con
una gota de tabasco y 1 meneo de pimentón.
Listo.

PINCHO PIZZA

INGREDIENTES

1 pan tipo pita abierto en dos
2 pimientos del piquillo en tiras finas
2 tomates confitados picados
1 sopera de tomate concentrado
2 soperas de salsa de tomate
1 tomate en rodajas muy finas
6 huevos de codorniz cocidos
1 conserva de *mendreska* de bonito
6 filetes de anchoa en salazón
1 ramillete de albahaca
6 rabanitos frescos
1 cebolleta en tiras muy finas
1 pizca de aceite de oliva virgen extra

PREPARACIÓN

· Tostar el pan de pita en la tostadora.
· Mezclar el pimiento en tiras con el tomate concentrado y la salsa de tomate, salpimentar.
· Estirar la salsa sobre los medios panes de pita, como si fuera la base de una pizza.
· Colocar encima el tomate y el tomate confitado, salpimentar.
· Acomodar encima los medios huevos, la *mendreska*, los filetes de anchoa, la albahaca, los rabanitos (laminados finamente con una mandolina o un cuchillo muy afilado) y la cebolleta.
· Rociar con 1 hilo de aceite de oliva.
Listo.

PINCHO DE ANCHOAS Y HUEVO

INGREDIENTES

1 cebolleta picada
1 diente de ajo
1 pizca de aceite de oliva virgen
1 pizca de vinagre de sidra
Perejil picado
4 rebanadas anchas de mollete tostado
2 tomates de colgar
8 anchoas en salazón
8 boquerones en vinagre
Salsa mahonesa
4 huevos de codorniz cocidos

PREPARACIÓN

· Lavar con agua la cebolleta utilizando un colador, escurrirla con un trapo y secarla bien.
· Mezclar la cebolleta con el ajo machado, aceite de oliva, vinagre y perejil.
· Pringar con el tomate las 4 rebanadas de mollete.
· Colocar sobre cada pan 2 anchoas y 2 boquerones, alternando.
· Rociar con la vinagreta toda la superficie.
· En cada extremo del pan, colocar 2 puntos de mahonesa.
· Sobre cada punto de mahonesa, poner medio huevo de codorniz cocido.
Listo.

Ensaladas, terrinas & patés

AGUACATES RELLENOS DE POLLO

INGREDIENTES

1/4 de pollo asado frío
3 aguacates maduros
1 limón
1 cebolleta picada
1 golpe de mostaza
1 pizca de vinagre de sidra
1 pizca de pimentón de La Vera picante
1 tomate crudo en dados
150 g de queso tipo feta
1 ramillete de cilantro fresco
1 pizca de aceite de oliva virgen extra

PREPARACIÓN

· Deshuesar con las manos el pollo asado, picar la carne y colocarla en un bol.
· Partir en dos los aguacates y añadir la pulpa en bocados al bol, ayudándonos con una cuchara.
· Guardar las medias cáscaras de aguacate para servir la ensalada.
· Añadir a ese fondo la ralladura del limón, el zumo, la cebolleta, la mostaza, el vinagre, el pimentón, el tomate, la mitad de queso feta desmigado con los dedos, el cilantro cortado a tijera, aceite de oliva y salpimentar.
· Rellenar con la ensalada las cáscaras de aguacate.
· Rematar con el resto del queso feta desmigado y espolvorear el pimentón.
Listo.

BERROS CON NARANJA, QUESO Y ALMENDRAS

INGREDIENTES

1 lomo de bacalao desalado de 150 g
2 dientes de ajo pelados
1 ramillete de perejil fresco
1 puñado hermoso de berros
3 naranjas sanguinas
2 soperas de vinagre de Jerez
2 soperas de aceite de oliva virgen
15 almendras tostadas peladas
150 g de queso de cabra fresco
1 puñado de olivas negras buenas

PREPARACIÓN

· Desgarrar el bacalao con la mano y colocarlo en el fondo de un bol. Removiendo, añadir el ajo machado, el perejil picado a tijera y el aceite de oliva.
· Colocar los berros sobre el bacalao aliñado.
· Pelar las naranjas a vivo, es decir, eliminarles la cáscara con un cuchillo afilado, llevándonos la membrana blanca y separando los gajos para que salgan limpios.
· Echarlos sobre los berros.
· En un tarro añadir el zumo (hay que apretar los corazones de las naranjas cerrando el puño de la mano), el vinagre, el aceite y salpimienta, cerrando y agitando para que la vinagreta emulsione.
· Colocar sobre los berros las almendras, el queso desmenuzado y las olivas.
· Verter la vinagreta recién hecha.
Listo.

ENSALADA ALEMANA DE PATATA

INGREDIENTES

1 kg de patatas
1 taza de caldo de carne
1 cebolla
1 cucharada de mostaza de grano
2 soperas de vinagre de sidra
3 soperas de aceite de oliva
1 ramillete de cebollino

PREPARACIÓN

· En agua con sal cocer las patatas con su piel, a fuego suave unos 25 min.
· Picar la cebolla sobre la tabla.
· Calentar el caldo en un cazo, salpimentarlo con interés y añadir la cebolla, la mostaza
y el vinagre, mezclándolo todo.
· Transcurrido el tiempo, escurrir las patatas y dejarlas 20 min. dentro de la olla con la tapa
puesta, para que la pulpa se reafirme y podamos pelarlas bien.
· Entonces, pelarlas y cortarlas en láminas finas de 2 mm de grosor, colocándolas
en un bol.
· *No hace falta que sean láminas redondas, ya que se suelen romper un poco.*
Es más importante que no sean muy gordas.
· Verter el caldo caliente con el aliño sobre las patatas recién troceadas.
· *Es importante que la patata no se enfríe del todo, pues solo así absorbe bien*
el caldo.
· Mezclar sin aplastar las patatas y dejarlas reposar hasta que se templen.
· Picar el cebollino sobre la tabla, con un cuchillo bien afilado.
· Al final añadir sobre la ensalada el aceite de oliva, 1 buen golpe de pimienta
y el cebollino picado.
· Servir a temperatura ambiente e intentar no meterla en la nevera.
Listo.

ENSALADA DE ALUBIAS Y ATÚN

INGREDIENTES

400 g de lomos de atún fresco
1 diente de ajo
3 cogollos de lechuga
2 soperas de piñones tostados
1 tomate maduro
1 ramillete de albahaca
300 g de alubias blancas en conserva
1 pizca de mostaza
1 chorrete de salsa de soja
1 cebolleta
1 chorrete de vinagre de Jerez
1 pizca de aceite de oliva virgen extra

PREPARACIÓN

· Partir sobre la tabla los lomos de atún en tacos gruesos rectangulares y dorarlos vuelta y vuelta en una sartén, dejándolos bien jugosos en el centro.
· Mientras, frotar un bol con el diente de ajo partido en dos.
· Cortar los cogollos a lo largo en tiras anchas y limpiarlos en agua, escurriéndolos con un trapo o centrifugándolos para dejarlos bien secos.
· Añadir al bol los piñones, el tomate troceado, la albahaca cortada a tijera, las alubias escurridas y los cogollos recién lavados.
· En un tarro mezclar la mostaza con la salsa de soja, el vinagre, aceite y sal, agitando para que quede emulsionada.
· Aliñar el bol con parte de la vinagreta y remover.
· Partir los tacos de atún en dos, en escalopes anchos, y colocarlos sobre la ensalada.
· Con la mandolina, laminar muy fina la cebolleta y desperdigarla por encima.
· Rociar con el resto de la vinagreta.
Listo.

ENSALADA DE ARROZ Y CINTAS DE HUEVO

INGREDIENTES

250 g de arroz
3 dientes de ajo laminados
1 pizca de chile
4 huevos
1 pellizco de pimentón de La Vera
1 chorrete de leche
1 manzana verde
150 g de queso tipo feta
1 yogur
1 limón
1 conserva de bonito en aceite de oliva
1 puñado de nueces picadas
1 pizca de aceite de oliva virgen extra
1 pizca de vinagre de Jerez
Brotes tiernos germinados

PREPARACIÓN

· Poner en frío el arroz con abundante agua y sal y cocerlo suavemente durante 8 min.
· Nada más arrancar el hervor, añadir un refrito de ajos con aceite de oliva y el chile.
· Batir los huevos como para tortilla, salarlos y agregar pimentón y 1 tiento de leche.
· En una sartén antiadherente con 1 pizca de aceite, ir haciendo obleas muy finas de tortilla francesa, como si fueran unas crepes muy delgadas.
· Echarlas sobre la mesa y dejar que se enfríen. Cuajar más hasta agotar el huevo.
· Escurrir el arroz y dejarlo enfriar bien estirado para que no se apelmace ni se cueza en exceso.
· Para que quede bien suelto, una vez cocido podemos lavarlo con agua fría para eliminar el exceso de almidón y escurrirlo.
· En un bol que contenga el arroz, rallar la manzana entera, desmigar el queso y mezclar.
· Preparar la vinagreta en un tarro con el yogur, la ralladura y el zumo del limón, aceite de oliva, vinagre y sal.
· Juntar las obleas, enrollarlas y, sobre la tabla, cortarlas con un cuchillo afilado en cintas como si fueran tagliatelle, soltándolas.
· Agregarlas por encima al bol, incorporando el bonito desmigado o suelto en lascas.
· Aliñar con la vinagreta y añadir las nueces y los brotes tiernos.
Listo.

ENSALADA DE BOGAVANTE Y HONGOS

INGREDIENTES

1 bogavante vivo de 1,5 kg

Para la crema de hinojo:

100 g de cebolleta
70 g de mantequilla
500 g de bulbo de hinojo
200 ml de caldo
100 ml de nata

Para la vinagreta agridulce:

1 sopera de vinagre de Jerez
35 g de miel
1 pizca de jengibre fresco rallado
1 pizca de nuez moscada
75 ml de aceite de oliva virgen extra
Pimienta molida y sal
1 pizca de romero picado

Para los hongos:

Hongos frescos limpios
Aceite de oliva virgen extra
Sal

Además:

Brotes de canónigos
Hojas de perifollo

PREPARACIÓN

· Cocer el bogavante en abundante agua con sal (40 g/l) durante 12 min., partiendo
de agua fría.
· Una vez pasado el tiempo, refrescarlo rápidamente en agua con hielos, pelarlo
y trocearlo minuciosamente.
· Para la crema de hinojo, sofreír la cebolleta en una cazuela junto con la mantequilla
durante 5 min.
· Entonces, incorporar el hinojo picado y seguir sudando otros 5 min.
· Mojar con el caldo y cocer a fuego suave durante 15-20 min.
· Por último, añadir la nata y cocer otros 10 min.
· Transcurrido el tiempo, triturar y colar para obtener una crema fina.
· Para la vinagreta agridulce, mezclar en un bol el vinagre y 1 pizca de sal, agregar la miel,
el jengibre rallado, la nuez moscada y pimienta recién molida, mezclar bien y añadir el
aceite de oliva emulsionando con la ayuda de una varilla.
· Por último, agregar el romero picado, poner a punto de sal y listo.
· Laminar finamente los hongos con la ayuda de una mandolina, colocarlos sobre
un plato y aliñarlos con 1 pizca de sal y aceite.
· En un plato, colocar una base de crema de hinojo y, sobre ella, el bogavante troceado,
los hongos aliñados, los brotes de canónigos y las hojas de perifollo.
· Regar el conjunto con la vinagreta agridulce y listo.

ENSALADA DE COLIFLOR Y ZANAHORIA

INGREDIENTES

500 g de patatas muy pequeñas
400 g de zanahorias
500 g de coliflor en botones pequeños
1 huevo duro
1 ramillete de perejil
12 anchoas en salazón
2 soperas de alcaparras
12 pepinillos en vinagre
2 cebolletas tiernas
1 pizca de aceite de oliva virgen extra
El zumo de un limón

PREPARACIÓN

• En abundante agua con sal, cocer las patatas a fuego suave durante 20-25 min.
• Rallar la zanahoria cruda.
• Lavar la coliflor.
• 3 min. antes de terminar la cocción de las patatas, añadir la coliflor.
• Una vez pasado el tiempo, escurrir y poner la coliflor en un bol.
• Pelar las patatas con la ayuda de una puntilla afilada y cortarlas en rodajas sobre la coliflor escurrida en el bol, añadiendo las zanahorias crudas ralladas.
• En un mortero mezclar el huevo con el perejil, las alcaparras, aceite y el zumo del limón.
• En el bol, mezclar con la verdura la salsa obtenida, agregar los pepinillos y remover.
• Cortar en tiras la cebolleta tierna y espolvorearlas por encima de la ensalada, desperdigando las anchoas en salazón.
Listo.

ENSALADA DE CONEJO CONFITADO

INGREDIENTES

300 ml de aceite de oliva virgen
150 g de beicon ahumado
12 dientes de ajo con piel
12 paletillas de conejo
1 ramillete de tomillo
1 ramillete de romero
0,5 l de caldo de carne
1 limón
1 sopera de mostaza
1 chorrete de vinagre de sidra
1 chorrete de nata líquida
1 mazo de rabanitos
1 cebolleta
1 centro de escarola limpio
1 puñado de nueces peladas
1 lata de anchoas en salazón escurridas

PREPARACIÓN

· Poner al fuego una olla con 1 pizca de aceite, el beicon en dados y los ajos, dando vueltas para que se sofría ligeramente.
· Salpimentar las paletillas y hacer un atadillo con las hierbas aromáticas.
· Meter el atadillo en la cazuela con la cáscara del limón y las paletillas.
· Añadir el resto del aceite y el caldo, debiendo quedar las paletillas bien cubiertas.
Es mejor utilizar una cazuela ancha y baja, para que entren todas bien estiradas
y sin amontonar.
· Arrimarlas a fuego suave y, en cuanto empiecen los primeros hervores, mantenerlas confitando suavemente durante 1 hora aprox.
· Enfriarlas en el mismo caldo de cocción, sumergidas.
· Una vez frías, separar la carne por un lado, los ajos pelados por otro y el jugo del confitado.
· En un tarro preparar la vinagreta con la mostaza, los ajos confitados aplastados, el vinagre de sidra, sal, la nata y 1 pizca del jugo de confitado, salpimentando y agitando para volverla cremosa.
· Con la mandolina, cortar finamente los rabanitos y la cebolleta, añadirlos sobre la escarola y aliñarlo con la vinagreta, removiendo.
· Colocar por encima las paletillas deshuesadas, las nueces y las anchoas.
Listo.

ENSALADA DE ESCAROLA CON POLLO Y PIMENTÓN

INGREDIENTES

1 diente de ajo
1 limón
1 cuña de queso de Burgos
3 anchoas en salazón
1 sopera de yogur
1 pizca de mostaza
1 chorrete de salsa de soja
1 chorrete de vinagre de Jerez
1 cebolla roja pelada
1 bulbo de hinojo pequeño
2 endibias rojas deshojadas
1 puñado de escarola limpia
2 pechugas de pollo abiertas en libro
1 sopera de pimentón de La Vera picante
1 puñado de picatostes de hogaza de pan
1 puñado de germinados
1 pizca de aceite de oliva virgen extra

PREPARACIÓN

· Pringar las paredes de un bol con 1/2 diente de ajo.
· En el fondo del bol rallar el limón, añadir el zumo y desperdigar el queso pellizcado.
· Añadir las anchoas picadas a tijera, el yogur, la mostaza y la soja.
· Remover y añadir el vinagre, aceite y salpimentar.
· Con una mandolina laminar sobre el bol la cebolla roja y el hinojo, meneando.
· Añadir las endibias rojas y la escarola, removiendo.
· Sobre un papel sulfurizado espolvorear las pechugas con el pimentón y salpimentar.
· En una sartén antiadherente dorar las pechugas y el diente de ajo laminado con el que hemos frotado el bol.
· Dejar hueco entre la carne y añadir los picatostes de pan para que también se sofrían y chupen los jugos de la carne.
· Retirar las pechugas, cortarlas en escalopes y colocarlas en el bol junto con los picatostes.
· Esparcir por encima los germinados y listo.

ENSALADA DE ESPINACAS CON VINAGRETA DE OSTRAS

INGREDIENTES

Para la vinagreta de ostras:

1 cucharada de zumo de limón
3 ostras
30 ml de jugo de ostras
80 ml de aceite de oliva
Sal y pimienta

Además:

4 huevos
2 puñados de brotes de espinaca

PREPARACIÓN

· Abrir las ostras, reservar el jugo y colar.
· Enjuagar las ostras con agua fría.
· Colocar en un vaso americano o uno de túrmix el zumo de limón, el jugo de ostras, las ostras, sal y pimienta.
· Triturarlo todo junto e ir añadiendo poco a poco el aceite de oliva para que vaya emulsionando.
· Una vez montada la vinagreta, rectificar de sal y pimienta y reservar.
· En una cazuela pequeña calentar agua a unos 65 °C. Si no tenemos termómetro, sumergiremos el dedo y aguantaremos unos 5 seg. sin llegar a quemarnos para asegurarnos de que la temperatura es la idónea.
· Agregar los huevos con cuidado de no romperlos y cocerlos durante 25 min., intentando mantener la temperatura del agua.
· Pasado el tiempo, retirar los huevos del agua, cascarlos con cuidado y colocarlos tibios sobre la ensalada de espinacas, que habremos lavado y escurrido previamente.
Aliñar la ensalada con la vinagreta de ostras.

ENSALADA DE GARBANZOS «APAÑADA»

INGREDIENTES

400 g de garbanzos en conserva
1 diente de ajo
1 ramillete de perejil
8 pimientos del piquillo en conserva
3 chalotas hermosas
1 chorrete de vinagre
1 limón
Aceite de oliva virgen extra
2 latas de sardinillas en salsa picantilla
1 puñado de olivas negras aragonesas

PREPARACIÓN

· Escurrir los garbanzos de la conserva y pasarlos bajo el agua del grifo.
· Majar el ajo y el perejil en el mortero.
· Con las manos, romper los pimientos en tiras.
· Cortar la chalota en tiras muy finas.
· Mezclar los garbanzos con el majado, los pimientos, el vinagre, el zumo del limón, la salsa de las latas de conserva y el aceite de oliva y salpimentar.
· Sobre los garbanzos aliñados colocar las sardinillas, las olivas y las chalotas en tiras finas.
Listo.

ENSALADA DE PIMIENTOS RELLENOS

INGREDIENTES

1 limón
300 g de bonito en conserva escurrido
12 guindillas en vinagre picadas
6 pepinillos en vinagre picados
2 chalotas picadas
1 sopera de mahonesa
3 soperas de yogur griego
10 pimientos del piquillo, escurridos
1 chorrete de vinagre de sidra
1 puñado grande de judías verdes francesas
2 tomates pera maduros
1 chalota en tiras finas
1 pizca de aceite de oliva virgen extra

PREPARACIÓN

· Rallar el limón en un tarro y añadir 1 sopera de yogur, aceite, vinagre y salpimentar.
· Agitar la vinagreta para volverla untuosa.
· Mezclar en un bol el bonito desmigado, las guindillas, los pepinillos, la chalota,
la mahonesa, las 2 soperas de yogur restantes, zumo de limón y salpimienta.
· Rellenar los pimientos con esta farsa y enfriarlos.
· Poner agua a hervir.
· Añadir sal al agua hirviendo y echar las judías verdes.
· Escurrir rápidamente las judías y colocarlas en un bol, aliñando con parte de la vinagreta
del tarro y removiendo.
· Partir los tomates en gajos y colocarlos entre las judías aliñadas en una fuente,
junto a los pimientos rellenos.
· Rociar con el resto de la vinagreta y espolvorear con las chalotas en tiras.
Listo.

ENSALADA DE SÉMOLA CON QUESO FETA Y GRANADA

INGREDIENTES

200 ml de caldo de verdura
1 bolsita de infusión de menta
200 g de sémola
2 soperas de mezcla de especias *harissa*
1 limón en salmuera
1 yogur tipo griego
1 chorrete de vinagre de Jerez
1 ramillete de menta fresca
1 ramillete de cilantro fresco
1 pepino
1 granada
1 pedazo de queso feta
1 pizca de aceite de oliva virgen extra

PREPARACIÓN

· En un bol, templar en el microondas el caldo e infusionar en él la bolsita de infusión de menta.
· Retirar la bolsita y añadir la sémola, salpimentar, agregar la *harissa* y dejar reposar tapando con un plato o un plástico film.
· En un bol mezclar el limón en salmuera picado, el yogur, el vinagre, aceite, la menta fresca cortada fina a tijera y el cilantro cortado de igual forma y salpimentar, removiendo.
· Rallar el pepino, añadirlo al bol e incorporar los granos de granada y la sémola rota con un tenedor para que quede suelta, removiendo.
· Romper el queso feta por encima.
Listo.

ENSALADA DE TOMATE «AGAZPACHAO»

INGREDIENTES

2 tomates maduros
1 cebolleta fresca
1 pimiento verde pequeño
2 dientes de ajo
4 huevos cocidos pelados
1 puñado de picos de pan o regañás
1 chorrazo de vinagre de Jerez
Aceite de oliva virgen extra
1 puñado de tomates cherry de colores
1 punta de hierbabuena fresca

PREPARACIÓN

· En un mortero majar los ajos laminados con 1 pizca de sal.
· Agregar los picos rotos con las manos, el vinagre y el aceite, removiendo.
· En un bol trocear los tomates en dos y añadir la cebolleta en tiras y el pimiento verde cortado fino.
· Sacar las yemas de los huevos duros y añadirlas al mortero para ligar la vinagreta.
· Incorporar las claras picadas al bol del tomate.
· Aliñar los tomates con la vinagreta del mortero y espolvorear con unas hojas de hierbabuena fresca rotas con las manos.
Listo.

ENSALADA ILUSTRADA

INGREDIENTES

1 sopera de mostaza
1 diente de ajo
1 chorrete de vinagre de Jerez
1 chorrete de aceite de oliva
1 corazón de lechuga limpio
1 escarola limpia
2 tomates
1 patata cocida
1 cebolleta fresca
1 puñado de yemas de espárragos
2 huevos duros
Filetes de anchoa en aceite
1 frasco de bonito en aceite
1 puñado de aceitunas gordales

PREPARACIÓN

· En un tarro hacer la vinagreta con la mostaza, el ajo machado, el vinagre y el aceite, salpimentarla y agitarla para que quede bien cremosa y emulsionada.
· Verter la vinagreta en el fondo de un gran bol de ensalada.
· Encima, colocar el resto de los ingredientes.
· Primero las lechugas y las escarolas limpias y troceadas.
· Luego el tomate pelado y la patata en rodajas.
· A continuación el resto de los ingredientes: los espárragos, los huevos duros, las anchoas, el bonito y las aceitunas.
· Y, por último, la cebolleta cortada en tiras muy finas sobre la tabla.
· Ya en la mesa, removemos de abajo hacia arriba para que la vinagreta empape todos los elementos.
Listo.

ENSALADA RÁPIDA DE BACALAO CONFITADO, AGUACATE Y YOGUR

INGREDIENTES

Para el bacalao:
100 g de bacalao desalado
200 ml de aceite de oliva virgen

2 cucharadas de zumo de limón
6 cucharadas de aceite de oliva virgen extra
4 aguacates
2 yogures naturales
50 g de almendras tostadas y picadas
2 puñados de brotes de berros
1 cucharada de alcaparras
1 cucharada de huevas de salmón
Sal

PREPARACIÓN

· Poner el bacalao con el aceite en una bandeja y hornearlo 10 min. a 150 °C, dejándolo
enfriar para poder manipularlo.
· También podemos hacerlo en el horno microondas a potencia media, para que
el aceite tome temperatura y el bacalao se cocine ligeramente.
· Entonces, escurrirlo del aceite, retirarle la piel y laminarlo en lascas.
· Mezclar el aceite de oliva con el zumo de limón y 1 pizca de sal.
· Pelar los aguacates y cortar cada mitad en cuartos.
· Colocar en un plato el yogur de base, como si se tratara de una salsa, y sobre él
el bacalao confitado en láminas, el aguacate en cuartos, las almendras tostadas
y picadas y los brotes de berro.
· Aliñarlo todo con la vinagreta de aceite y limón, añadiendo las alcaparras y las huevas
de salmón.
Listo.

ENSALADA DE SÉMOLA, MANZANA Y PAVO

INGREDIENTES

3 tomates muy maduros
1 punta de pimiento verde
1 punta de guindilla fresca
1 ramillete de albahaca
1 limón
1 vaso grande de caldo frío
150 g de sémola precocida
1 pepino pequeño
1 manzana verde
1 aguacate
2 chalotas
1 yogur natural
1 pizca de mostaza
1 chorrete de vinagre de sidra
1 chorrete de salsa picante
1 pizca de aceite de oliva virgen extra
Fiambre de pavo muy fino
Sal y pimienta

PREPARACIÓN

· En el fondo de un bol triturar a conciencia con la túrmix el tomate, el pimiento,
la guindilla, la albahaca, la ralladura y el zumo del limón y salpimentarlo.
· Una vez triturado, añadir el caldo frío y el aceite de oliva y triturar.
· Incorporar la sémola, remover, tapar con plástico film y dejar enfriar 1 hora en la nevera.
· Mientras, rallar el pepino y la manzana en un bol, apretando con las manos para eliminar
el exceso de agua.
· Añadir la pulpa de aguacate a bocados con una cuchara, la chalota en tiras, la albahaca
cortada a tijera, el yogur, la mostaza, el vinagre y la salsa picante, removiendo y
salpimentando.
· Refrescar en la nevera entre 10 y 15 min.
· Sacar de la nevera el bol de la sémola y romperla con un tenedor para que quede suelta,
colocando encima la ensalada.
· Añadir 1 pizca de albahaca fresca.
· Cubrirlo todo con fiambre de pavo muy fino y verter 1 chorrazo de aceite.
Listo.

ENSALADA VERDE «IMPERIAL»

INGREDIENTES

Hojas tiernas de lechuga de caserío
Hojas tiernas de lollo rosso
Puntas de miniendibias
Hojas tiernas de Treviso o achicoria morada
Hojas tiernas de hoja de roble
Perifollo deshojado
Cebollino en bastones
Perejil deshojado
1 puñado de tallos frescos de espinaca

Para la vinagreta:
100 ml de aceite de oliva virgen extra
5 soperas de aceite de nuez
5 soperas de vinagre balsámico
4 soperas de jugo de trufa natural
5 soperas de caldo de carne reducido
Sal y pimienta

PREPARACIÓN

· Mezclar las ensaladas.
· Preparar la vinagreta en un tarro de cristal, introduciendo todos los elementos y agitando para convertirla en una emulsión cremosa.
· Rociarla sobre la mezcla de hojas y revolver con cuidado.
Listo.

ENSALADA «BATIDA» DE PASTA CON BONITO

INGREDIENTES

300 g de pasta tipo caracolillo
1 limón
1 chorrete de vinagre de Jerez
1 sopera de mostaza
1 ramillete de albahaca fresca
1 guindilla fresca
2 tomates pera muy maduros
150 g de tomates cherry
200 g de bonito en escabeche
1 pedazo de queso feta

PREPARACIÓN

· Echar la pasta en agua hirviendo con sal y cocerla hasta que esté *al dente*.
· Mientras, en un bol rallar el limón e incorporar el zumo, el vinagre, la mostaza, los tallos de albahaca picados, la punta de guindilla, el tomate pera troceado en cuartos y salpimentar.
· Con la túrmix, convertir en puré los ingredientes del bol.
· Añadir los tomates cherry partidos en dos, el bonito en lascas y el queso feta roto con las manos y remover.
· Cuando la pasta está cocida, escurrirla y refrescarla un poco en agua para que se temple, sin enfriarla del todo para que chupe bien el aliño.
· Por último, echar la pasta sobre esta salsa batida enriquecida, incorporando las hojas de albahaca cortadas a tijera, y remover el conjunto.
· Rectificar la sazón si fuera necesario.
Listo.

ENSALADA «VERDE» DE ARROZ

INGREDIENTES

250 g de arroz
4 dientes de ajo laminados
1 punta de chile
300 g de judía verde francesa
250 g de brócoli en botones pequeños
3 huevos duros
1 rama de apio en dados pequeños
1 pimiento verde picado
1 puñado de tomates cherry
1 chorrete de vinagre de Jerez
1 sopera de mostaza
1 pellizco de pimentón de La Vera
1 chorrete de salsa de soja
1 ramillete de perejil
1 conserva de *mendreska* en aceite de oliva

PREPARACIÓN

· Poner en frío el arroz en abundante agua con sal, durante 14 min. aprox.
· Justo cuando arranque el hervor, añadir un refrito colado de aceite con los ajos laminados y el chile.
· 2 min. antes de terminar la cocción del arroz, añadir las judías verdes y el brócoli.
· Separar las claras de las yemas y picar las primeras.
· Preparar la vinagreta en un mortero aplastando las yemas con el vinagre, la mostaza, el pimentón, la salsa de soja, el apio y el pimiento verde, incorporar los tomates partidos en dos y las claras picadas, y remover.
· Una vez pasado el tiempo de cocción del arroz y las verduras, escurrirlas estirándolas en una bandeja para que el grano quede suelto.
· Reunirlo en un bol y agregarle la vinagreta del mortero.
· Repartir por la superficie las lascas de *mendreska* y las hojas de perejil picadas a tijera.
· Remover y listo.

ENSALADILLA
RUSA ROBIN FOOD

INGREDIENTES

300 g de patata cocida en dados
50 g de jamón cocido en dados
50 g de jamón ibérico picado
75 g de huevo cocido picado
125 g de cigala cocida picada
50 g de aguacate en dados
50 g de aceitunas verdes picadas
25 g de pepinillo picado
1 manojo de cebollino picado
600 g de salsa mahonesa
100 g de bonito en aceite desmigado
75 g de cebolleta fresca picada

PREPARACIÓN

· Mezclar todos los ingredientes en un bol con la ayuda de una lengua de goma.
· Rectificar la sazón y enfriarla para servirla bien fría.
Listo.

TERRINA «FÁCIL» DE FOIE GRAS

INGREDIENTES

2 hígados de pato crudos a temperatura ambiente
Sal y pimienta
1 chorrete de armañac
1 chorrete de oloroso
Rebanadas de pan tostado

PREPARACIÓN

· Sobre papel de cocina, levantar las venas de los hígados de pato con la ayuda de una cuchara, pasándola para seguir el rastro de los vasos sanguíneos y retirar la mayoría de ellos.
· No hay que tener miedo de lastimar demasiado el hígado porque la cocción unificará los tejidos.
· *Algunos más tímidos y temerosos pinchan delicadamente el hígado con una aguja y lo sumergen durante unas horas en agua helada para que se desangre y se blanquee.*
· De una u otra forma, salpimentar generosamente los hígados y rociarlos con el armañac y el oloroso.
· Apretarlos en el fondo de una terrina de porcelana, colocando debajo 1 lóbulo grande y 2 pequeños y, sobre ellos, el lóbulo grande restante, apretando bien.
· Cubrir la terrina con papel film y pincharlo para abrir pequeñas chimeneas por las que escape el vapor en el transcurso de la cocción.
· Meterla en el microondas 3 min. a 750 W.
· Volver a accionar el microondas 3 min. más a 750 W.
· Dejar reposar la terrina sobre la mesa y meterla en la nevera durante unas horas para que se asiente bien y se enfríe.
· Para servirla, calentar con agua caliente el filo de un cuchillo y cortar la terrina en rebanadas gruesas.
· Espolvorearlas con una sal de calidad y pimentarla generosamente.
· Servirla con pan tostado.

La terrina aguanta 10 días en la nevera bien empaquetada con papel film.

PASTEL DE POLLO
CON ACEITUNAS VERDES

INGREDIENTES

1 cebolleta
1 puerro
70 g de miga de pan
300 ml de leche
1 huevo
750 g de carne de pollo picada
150 g de tomate confitado en dados
40 g de aceitunas verdes sin hueso
50 g de pepinillos pequeños en vinagre

PREPARACIÓN

· Encender el horno a 180 °C.
· Sofreír la cebolleta y el puerro en 1 pizca de aceite de oliva, sazonando.
· Aparte, remojar la miga de pan en la leche.
· Mezclar el huevo batido con la carne, el tomate confitado, las aceitunas y los pepinillos, salpimentando.
· Cuando la verdura esté sofrita, añadirla a este picadillo junto con la miga de pan escurrida.
· Forrar un molde de *plum-cake* con papel de horno y llenarlo con la mezcla.
· Hornear 30 min.
· Apagar el horno y dejar que repose dentro 15 min.
· Sacarlo del horno, dejarlo enfriar a temperatura ambiente y luego meterlo en la nevera unas cuantas horas.
· Una vez transcurrido ese tiempo, desmoldarlo, rebanarlo con un cuchillo afilado sobre la tabla y comerlo frío o templado, dándole un calentón suave.

Servido con salsa mahonesa mezclada con yogur, hierbas picadas y jengibre rallado queda pelotudo.

PATÉ DE POLLO FÁCIL

INGREDIENTES

20 lonchas finas de tocineta magra de cerdo
3 cebolletas picadas
4 dientes de ajo
1 chile fresco
16 hígados de pollo
Nuez moscada
1 chorretón de coñac
1 ramillete de tomillo fresco
250 g de puré de patata espeso y frío
3 huevos
500 g de picadillo de salchicha crudo
3 hojas de laurel
Rebanadas de pan tostado
Mostaza
Pepinillos en vinagre

PREPARACIÓN

· Encender el horno a 200 °C.
· Forrar un molde de *plum-cake* con tocineta en tiras que sobresalgan.
· Sofreír en una sartén con 1 pizca de aceite las cebolletas, el ajo machado, el chile y 1 pizca de sal.
· Picar con un cuchillo los hígados, salpimentarlos y añadirles 1 golpe de nuez moscada.
· Incorporar el picadillo de hígados al sofrito y dar unas vueltas durante 2 min. a fuego fuerte, añadiendo el coñac.
· Agregar el tomillo aplastando las ramas para que caigan las hojas y remover.
· Colocar el puré de patata en un bol, incorporar los huevos, salpimentar y mezclarlo perfectamente.
· A esta mezcla agregarle el sofrito y, si queremos que quede aún más fino, triturarlo bien con el brazo de una batidora.
· Por último, añadir a esta mezcla la carne de salchicha e integrarla con una espátula de goma, rectificando la sazón.
· Echar la masa en el molde y cerrar las bandas de tocineta sobre la mezcla.
· Colocar por encima las hojas de laurel y cubrir con papel de aluminio.
· Hornearlo al baño maría durante 1 hora.
· Sacar el paté del horno y dejarlo enfriar en el mismo baño maría.
· Guardarlo en la nevera para que se asiente.
· 1 hora antes de comerlo, sacarlo del frío para que pierda temperatura.
· Rebanarlo y servirlo acompañado de las rebanadas de pan, mostaza y pepinillos en vinagre.
Listo.

SALPICÓN DE MARISCOS

INGREDIENTES

1 pimiento rojo
1 cebolleta
Los corales del bogavante cocido
4 huevos cocidos picados
500 ml de salsa mahonesa
1 pizca de vinagre de sidra
300 g de langostinos cocidos, pelados y picados
1 lata de patas de cangrejo ruso desmigado
1 bogavante de 800 g cocido y pelado
1 ramillete de cebollino picado
1 tiento de salsa picante

PREPARACIÓN

· Picar el pimiento y la cebolleta con la ayuda de un cuchillo afilado.
· Echarlos en un colador y lavarlos para eliminar el sabor a crudo, escurriendo el picadillo con un trapo y apretando con las manos.
· Reunir en un bol los corales cocidos de bogavante, que suelen almacenarse en la cola y en la cabeza, añadir el huevo, 1 pizca de mahonesa y el vinagre, y mezclarlo perfectamente.
· Entonces, añadir el picadillo de pimientos y cebolletas, los langostinos y el cangrejo, integrando bien la mezcla.
· Sobre la tabla trinchar el bogavante y guardar los pedazos más nobles.
· Agregar las puntas picadas de bogavante al salpicón e incorporar el cebollino picado.
· Rectificar el aliño, añadir la salsa picante y dejar enfriar.
· Colocar el salpicón en copas y coronar con los medallones de bogavante.
· Espolvorear más cebollino.
· Servir con una salsera de salsa mahonesa aparte.
Listo.

TOMATE REFREGADO CON QUESO Y ALBAHACA

INGREDIENTES

2 puñados grandes de albahaca fresca
2 cucharadas de piñones
1 chorrazo de aceite de oliva virgen extra
1 punta de ajo picado
1 chorrazo de vinagre de Jerez
1 pizca de agua
3 chalotas peladas
1 cuña de queso de oveja curado
Variedades de tomate (cherry, corazón de buey, amarillos, pera)

PREPARACIÓN

· Si es posible, poner el vaso de la batidora en el congelador durante un rato.
· Sacarlo, echar la albahaca, los piñones, el aceite, el ajo, el vinagre, el agua, sal
y 1 pizca de pimienta, y triturar a la máxima potencia.
· Extender la salsa en el fondo de una fuente.
· Cortar las chalotas en tiras finas.
· Rematar el corte de los tomates (en gajos, rebanadas o mitades si son variedades
pequeñas) y colocarlos sobre la salsa de la bandeja.
· Rascar lascas del queso con un pelador y colocarlas sobre la ensalada,
espolvoreando hojas de albahaca frescas y las chalotas.
· Rociar con 1 hilo de aceite de oliva virgen extra.
Listo.

Sopas, caldos & cremas

CALDO OSCURO DE CARNE

INGREDIENTES

1 kg de costilla de ternera troceada en pedazos menudos
1 kg de morcillo de ternera en dos
1 verde de puerro
Tallos de perejil
2 ramas de tomillo fresco
1 hoja de laurel
3 zanahorias
1 rama de apio
3 cebolletas hermosas
6 dientes de ajo con piel
100 g de tomate concentrado
4 tomates maduros
1 l de vino tinto
1 tiento de vino oloroso
1 yema de huevo cruda
Picatostes de pan
Cebollino picado

PREPARACIÓN

· Encender el horno a 200 °C.
· Colocar los pedazos de ternera en una placa de horno untados de aceite
y espolvoreados con sal, removiendo para que se pringuen bien.
· Meter en el horno y asarlos hasta que se tuesten, sin que cojan demasiado color.
· *Si se doran demasiado el caldo se amargará.*
· Hacer un ramillete aromático con el verde de puerro, el perejil, el tomillo y el laurel.
· Sobre la tabla trocear las zanahorias, el apio y las cebolletas.
· En una olla sofreír las verduras junto con los ajos aplastados y agregar el tomate
concentrado, removiendo.
· Sobre la tabla partir los tomates y añadirlos al sofrito.
· Escurrir la carne de ternera de la bandeja de horno y añadirla al sofrito.
· Poner al fuego la bandeja de asado y mojarla con el vino, rascando para despegar
los jugos.
· Añadir el vino al fondo de la olla junto con el sofrito y el ramillete.
· Cubrir con agua y hervir a fuego suave unas 4 horas, eliminando las impurezas.
· Dejar enfriar ligeramente antes de colar.
· Meter en la nevera y desgrasar, eliminando la capa cuajada de grasa acumulada
en la superficie.
Listo.

*Para tomarse un caldo, calentarlo, ponerlo a punto de sazón y añadirle 1 golpe
de oloroso, derramándolo sobre un plato hondo con 1 yema de huevo cruda,
los picatostes y el cebollino picado.*

CREMA CAPUCHINA DE CHAMPIÑÓN

INGREDIENTES

1 kg de champiñones
100 g de morcilla ibérica curada en dados
125 g de mantequilla
500 ml de nata
500 ml de leche
500 g de caldo de carne o de verduras
Sal y pimienta

PREPARACIÓN

· Limpiar los champiñones y filetearlos.
· Sudarlos en una cazuela junto con la mantequilla sin que cojan color.
· Añadir el caldo, la leche y la nata.
· Cocer a fuego bajo durante 1 hora.
· Pasado el tiempo, triturar con la ayuda de un vaso americano y pasar por un colador fino.
· Rectificar de sal y pimienta y servir en un recipiente de cristal con embutido de morcilla ibérica cortado muy fino o unos picatostes.

CREMA DE CALABAZA Y ZANAHORIA

INGREDIENTES

1 kg de calabaza potimarrón
500 g de zanahorias gruesas
1 pomelo
1 pizca de curry
1 cebolleta hermosa
1 diente de ajo picado
1 pizca de jengibre fresco
2 l de caldo de carne o de verdura

Además:

Picatostes de pan
1 diente de ajo
1 ramillete de perejil

PREPARACIÓN

· Encender el horno a 180 °C.
· Cortar la calabaza en gajos, pelarlos y trocearlos en cachos hermosos.
· Lavar las zanahorias y cortarlas en cachos del mismo tamaño.
· Sacar 1 piel de pomelo.
· Colocar las zanahorias, la calabaza, el curry y el zumo del pomelo en una bandeja
y asar durante 45 min. aprox.
· Mientras, en una olla sofreír durante 15 min. la cebolleta picada, el ajo, la piel de pomelo
y el jengibre picado.
· Añadir al sofrito la verdura asada en el horno, remover, incorporar el caldo y cocer
durante 10 min.
· Dorar los picatostes de pan en una sartén antiadherente con 1 pizca de aceite y,
cuando estén ligeramente rubios, añadir un majado hecho en el mortero con el ajo
y el perejil, escurriéndolos en un plato.
· Verter el contenido de la sopa en el vaso de una batidora y accionar a la máxima
potencia.
· Rectificar la sazón de la sopa y servirla con los picatostes.
Listo.

CREMA DE CHIRIVÍA CON «COSTRONE»

INGREDIENTES

750 g de chirivía
2,5 l de caldo de carne
200 ml de leche de coco sin azucarar
300 ml de leche
2 patatas
1 ramillete de salvia fresca
1 limón
50 ml de nata
4 rebanadas amplias de pan de 1 cm de grosor
1 diente de ajo
4 lonchas gruesas de jamón ibérico
200 g de queso tierno tipo reblochon
1 chorrete de miel

PREPARACIÓN

· Encender el horno a 200 °C.
· Lavar las chirivías y cortarlas en pedazos hermosos.
· Colocarlas en una bandeja con 1 gota de aceite y sal y asarlas 25 min.
· Juntar en una olla el caldo, las leches y la patata cascada.
· Hacer un atadillo de salvia con la cáscara de limón y añadirlo.
· Cocer a fuego suave 20 min.
· Entonces, añadir la verdura asada al caldo y cocer 5 min. más.
· Agregar la nata y triturar a la máxima potencia, rectificando la sazón (antes de triturar hay que retirar el atadillo).
· Refregar el pan con el ajo.
· Sobre la tabla, cortar el jamón en tiras finas.
· Colocar lonchas de queso reblochon sobre cada tostada y las tiras de jamón.
· Colocar los panes en una bandeja y gratinarlos unos minutos.
· Tirar 1 chorrete de miel sobre las rebanadas derretidas y servir de guarnición con la sopa caliente.
Listo.

CREMA DE LECHUGA

INGREDIENTES

5 chalotas

2 patatas

1 pellejo de beicon ahumado

2 l de caldo de verdura

0,5 l de leche

1 lechuga tierna pequeña, limpia

2 yemas de huevo

2 cucharadas de yogur desnatado

2 cucharadas de queso desgrasado

1 limón

PREPARACIÓN

• Picar la chalota y sofreírla en una olla con 1 pizca de aceite y sal.

• Añadir la patata cascada y el pellejo de beicon ahumado y remover.

• Mojar con el caldo y la leche y hervir durante 20 min.

• Pescar el beicon, agregar la lechuga troceada y batir a la máxima potencia.

• Añadir las yemas, el yogur, el queso, 1 pizca de ralladura de limón y unas gotas de zumo, y salpimentarlo.

Listo.

CREMA DE MARISCO Y AGUACATE

INGREDIENTES

Para la sopa:
1 kg de cabezas de marisco (langostino, gamba, carabinero)
1 sopera de harina
1 zanahoria
1 puerro
1 cebolleta
2 dientes de ajo pelados
1 ramillete de perejil
1 chile fresco
1 vaso de vino blanco
2 l de agua

Para el aguacate:
2 aguacates
1 yogur natural
2 huevos
1 limón verde

PREPARACIÓN

• En el fondo de una olla sofreír con aceite de oliva las cabezas de marisco con 1 pizca de sal.
• Machacarlas con el culo de una botella contra el fondo del puchero para que suelten jugo y se sofrían bien, y agregar la harina.
• Picar la verdura.
• Majar en el mortero el ajo junto con el perejil y el chile y añadirlo al fondo, removiendo.
• Incorporar la verdura y sofreírlo todo.
• Mojar con el vino blanco, dejar evaporar, añadir el agua y hervir durante 25 min.
• Triturar la sopa.

• En un vaso de batidora echar la pulpa de aguacate con 1 cucharón de sopa, el yogur y las yemas de huevo, y triturar.
• Fuera del fuego, incorporar esta mezcla al resto de la sopa triturada, rectificando la sazón y añadiendo 1 pizca de ralladura de limón y un tiento de zumo.
Listo.

CREMA DE QUESITOS Y HIERBAS PARA BEBER

INGREDIENTES

500 ml de leche
200 g de quesitos en porciones
1 cucharada de cebollino picado
1/2 puñado de hojas de perejil
1/2 puñado de hojas de perifollo
Sal y pimienta

PREPARACIÓN

· Colocar la leche en un cazo, ponerla a calentar y en cuanto alcance los 80 °C, justo antes de que comience a hervir tímidamente, añadir los quesitos.
· Sacar el cazo del fuego, taparlo con papel film y dejar infusionar unos 30 min.
· Cuando esté frío, añadir las hierbas, triturar a la máxima potencia en el vaso de una batidora y pasar la sopa por un colador fino.
· Rectificar la sal y la pimienta.
· Servir en vasos pequeños.
Listo.

PUCHERO POBLANO

INGREDIENTES

1 carrillera de ternera
750 g de morcillo de ternera en 1 pedazo
1 tira estrecha de costilla
1 pedazo de muslo de pavo
1 trozo de hueso de jamón
250 g de garbanzos remojados, en una red
1 ramillete grande de cilantro (tallo + hojas)
1 col pequeña
1 nabo pequeño
2 zanahorias
1 cebolla + 4 clavos de olor
2 dientes de ajo pelados
1 chile rojo
Hojas de cilantro
1 limón
1 puñado de fideos finos
3 aguacates maduros
1 pizca de tequila o mezcal

PREPARACIÓN

• Poner a calentar agua en una olla rápida y meter la carrillera, el morcillo, la costilla, el pavo, el hueso de jamón y blanquearlos; es decir, cuando hierva escurrir en la fregadera eliminando el agua sucia y refrescando las carnes, bien lavadas.
• Volver a introducir las carnes, cubrirlas de agua, añadir 1 pizca de sal y los garbanzos, cerrar la olla y cocer 45 min. (2 horas si es en una cazuela normal con tapa).
• Mientras, separar los tallos de las hojas de cilantro y hacer un atadillo con ellos.
• Abrir la olla e incorporar la col, el nabo, las zanahorias, la cebolla con clavos y el atadillo de cilantro.
• Si es necesario, completar con más agua, cerrar la olla y cocer 20 min. más (50 min. si la cocción es en cazuela tradicional).
• En un mortero majar el ajo con el chile, las hojas de cilantro y 1 pizca de sal, añadiendo 1 hilo de aceite de oliva y la ralladura y el zumo del limón.
• Tras la cocción, tenemos por un lado el caldo limpio, por otro la verdura escurrida y, en tercer lugar, los garbanzos hervidos, además de la carne cocida (no empleamos el hueso, la cebolla ni el atadillo).
• Al caldo le añadimos los fideos y dejamos hervir unos minutos. Antes de que termine la cocción de los fideos, añadimos el tequila para que deje un gusto bravo.
• Deshilachamos las carnes, las mezclamos con los aguacates en tacos grandes y lo aliñamos con el majado de cilantro, mezclando bien.
• El resto de las verduras y los garbanzos se sirven aparte, con el resto del majado a modo de salsa.
• Primero se toma la sopa y, como segundo plato, la carne aliñada con las verduras. Listo.

SOPA BLANCA DE PESCADO

INGREDIENTES

1 lomo de merluza de 300 g
1 limón
1 cebolla
2 zanahorias
1 nabo pequeño
1 bulbo de hinojo
1 ramita de apio
1 ramillete de perejil (hojas + tallos)
1 puñado de arroz
1 patata
Verde de puerro + laurel + tomillo + tallos de perejil
1 vaso de vino blanco
1 tiento de pastis
1 cabeza de merluza troceada
Agua
100 ml de nata
3 yemas de huevo
1 sopera de mantequilla
Aceite de oliva

PREPARACIÓN

· Cortar el lomo de merluza en dados hermosos y rociarlos en un bol con 1 pizca
de ralladura de limón, 1 tiento de zumo, sal y aceite de oliva.
· Mientras, en una olla con mantequilla y aceite, sofreír la verdura picada (la cebolla,
las zanahorias, el nabo, el hinojo, el apio, las hojas de perejil) con sal, dejando que
se dore ligeramente.
· Añadir el arroz, la patata cascada, el ramillete aromático, el vino blanco, el pastis,
la cabeza de merluza y abundante agua hasta cubrir, y hervir durante 20 min.
· Transcurrido el tiempo, retirar el ramillete y triturar con la batidora a la máxima potencia,
colando el resultado para eliminar las espinas y las impurezas.
· Darle un hervor, apartarlo del fuego y, tras añadir la nata caliente, las yemas y 1 hilo
de aceite de oliva, accionar la batidora a la máxima potencia.
· Rectificar la sazón.
· Colocar los pedazos de pescado marinados en una sopera y verter por encima
la sopa caliente.
Listo.

Servir con rebanadas de pan refregadas con ajo y aceite de oliva virgen extra.

SOPA DE COL Y ALUBIAS

INGREDIENTES

1 cebolleta picada
2 dientes de ajo
2 patatas medianas
1 hoja de laurel
1 pizca de pimentón
1 col pequeña rizada
4 l de caldo de carne
1 conserva de alubias blancas
1 chorrete de vino blanco
3 butifarras gruesas
2 soperas de pesto
2 puñados de espinacas tiernas
Aceite de oliva virgen extra

PREPARACIÓN

• Sofreír en una olla la cebolleta con el ajo y 1 pizca de aceite.
• Cascar las patatas sobre el fondo y añadir el laurel y el pimentón.
• Trocear en tiras anchas la col, bien lavada, agregarla al sofrito junto con el caldo
y dejarlo hervir 35 min.
• Escurrir las alubias y lavarlas en un colador para que queden sueltas.
• 10 min. antes de finalizar la cocción, incorporar las butifarras crudas sin pinchar
y el tiento de vino.
• Una vez pasado el tiempo, retirar la butifarra y cortarla sobre la tabla en pedazos
hermosos.
• Añadir las alubias a la sopa, remover y hervir unos minutos para que cojan temperatura.
• Incorporar de nuevo la butifarra a la sopa y agregar el pesto y las espinacas,
crudas y lavadas.
• Remover y rectificar la sazón.
Listo.

SOPA DE JAMÓN Y QUESO

INGREDIENTES

1 diente de ajo picado
1 cebolleta pequeña picada
1 pizca de mantequilla
400 g de jamón cocido en dados
20 g de pan en dados
375 ml de nata
375 ml de agua
700 ml de leche
150 g de quesitos en porciones
Aceite de oliva virgen extra
Hojas de perifollo
Sal y pimienta

PREPARACIÓN

· En una olla con mantequilla y aceite de oliva, sofreír el ajo junto con la cebolleta
y 1 pizca de sal.
· Añadir el jamón y el pan y seguir sofriendo unos minutos más.
· Verter la nata, el agua y la leche y hervir a fuego suave durante 7-8 min.
· Transcurrido el tiempo, añadir los quesitos en porciones, triturar en un vaso americano
a la máxima potencia y colar.
· Rectificar la sazón y añadir 1 hilo de aceite de oliva.
Listo.

*Acompañar la sopa con unas flautas de pan, lonchas finas de jamón ibérico
y unas hojas de perifollo.*

SOPA DE REMOLACHA «M. F. K. FISHER»

INGREDIENTES

10 remolachas pequeñas y tiernas
2 zanahorias
150 g de tocineta en dados
2 cebollas picadas
1 ramillete de perejil
2 hojas de laurel
80 g de arroz
100 ml de vinagre de sidra
2,5 l de caldo de carne
Nata agria
Aceite de oliva

PREPARACIÓN

· Rallar las remolachas y las zanahorias.
· Reservar 1 taza hermosa de remolacha rallada.
· En una olla con aceite, sofreír la tocineta, las cebollas, las zanahorias, el ramillete
de perejil y el laurel.
· Pasados 20 min., agregar la remolacha rallada, el arroz y el vinagre y reducirlo.
· Entonces, incorporar el caldo, salpimentar y hervir durante 20 min.
· 5 min. antes de terminar, añadir la remolacha rallada reservada.
· Rectificar la sazón y servir con nata agria y 1 chorrete de aceite de oliva virgen extra.
Listo.

SOPA DE TOMATE AHUMADA

INGREDIENTES

150 g de cebolleta
2 dientes de ajo
750 g de tomate rama maduro
1 cucharadita de concentrado de tomate
25 g de azúcar
50 g de queso de Idiazábal ahumado, rallado
25 ml de aceite de oliva virgen extra
2 puñados de tomate cherry de varios colores
3 soperas de aceite de oliva virgen extra
1 sopera de vinagre de Jerez
Brotes de albahaca
1 sopera de cebollino picado
Sal

PREPARACIÓN

· Pelar y cortar finamente las cebolletas.
· Pelar y picar el ajo.
· Lavar los tomates rama, quitarles el pedúnculo y trocearlos en 8 pedazos.
· Sudar el aceite de oliva y la cebolleta en una cazuela a fuego suave durante
5 min., sin que tomen color.
· Añadir el tomate concentrado y el ajo, seguir sudando otros 3 min., agregar el tomate
en trozos, el azúcar y 1 pizca de sal, y dejarlo cocer tapado a fuego medio durante 30 min.
· Entonces, triturar la sopa, añadir el queso de Idiazábal y el aceite de oliva virgen extra
y volver a triturarla para que quede bien fina, pasando la mezcla por un colador y
rectificando la sazón.
· Servir la sopa caliente.
Listo.

*Guarnecer la sopa con los medios tomates cherry aliñados con aceite de oliva virgen
extra, el vinagre de Jerez, sal, los brotes tiernos de albahaca y el cebollino.*

SOPA DE VERDURA «AL PESTO»

INGREDIENTES

1 cebolleta picada
150 g de jamón york en dados
1 puñado de pan de pistola muy tostado
1 zanahoria en dados
2 patatas medianas en dados
1 ramita de apio picado
2,5 l de caldo de pollo
2 puñados de judías verdes francesas, sin el tallo

Para el pesto:
1 ramillete de albahaca
2 soperas de nueces peladas
1 diente de ajo crudo
2 soperas de queso parmesano
4 filetes de anchoa en salazón
150 ml de aceite de oliva
1 limón (la ralladura y el zumo)

Además:
1 puñado de pasta tipo caracolillo

PREPARACIÓN

· En el fondo de una olla sofreír con aceite de oliva virgen extra la cebolleta, el jamón york y el pan laminado a cuchillo.
· Añadir la zanahoria, las patatas, el apio y el caldo de pollo y hervirlo 25 min.
· Trocear las judías verdes en pedazos menudos.
· Hacer el pesto triturando todos los ingredientes en la batidora y guardarlo en un tarro cerrado.
· Una vez pasado el tiempo de cocción de la sopa, agregarle las judías verdes y la pasta y hervir 5 min. más.
· Antes de sacar del fuego, añadir un par de cucharadas de pesto y rectificar la sazón. Listo.

Servir con pan tostado untado con ajo y queso parmesano rallado.

SOPA FRÍA DE TOMATE Y FRUTOS ROJOS

INGREDIENTES

4 tomates grandes maduros

300 g de frutos rojos (moras, frambuesas, grosellas, etc.)

1 tiento de almíbar frío (1 l de agua + 500 g de azúcar hervidos)

1 pizca de vinagre balsámico

Aceite de oliva virgen extra

Costrones pequeños de pan frito

Sal y pimienta

PREPARACIÓN

• Poner en el vaso triturador los tomates y los frutos rojos y triturar
a la máxima potencia.

• Añadir el almíbar, el vinagre balsámico, el aceite, la sal y la pimienta,
rectificando la sazón.

• Enfriar la sopa en la nevera.

• Para servirla, acompañarla de los costrones y 1 hilo de aceite de oliva
virgen extra.

SOPA GRATINADA DE CEBOLLAS

INGREDIENTES

150 g de panceta ahumada en tiras finas
1 sopera de mantequilla
1 kg de cebolletas en tiras finas
1 diente de ajo
1 pizca de pimentón de La Vera picante
1 sopera de harina
1 chorrete de armañac
2,5 l de caldo de carne
8 rebanadas de pan
1 diente de ajo en dos
4 puñados de queso rallado graso

PREPARACIÓN

· Sofreír en una olla la panceta ahumada con la mantequilla.
· Añadir las cebolletas, el ajo machado y sal, removiendo sin que coja color.
· A continuación, incorporar el pimentón y la harina y, dando vueltas, ir añadiendo el armañac y dejando que se evapore.
· Verter el caldo y dejar que hierva 15 min.
· Mientras, refregar las rebanadas de pan con los medios ajos.
· Repartir la sopa en 4 soperas tipo lionesas.
· Colocar el pan refregado sobre la sopa, cubrir con el queso y gratinar en el horno para que haga una costra muy apetitosa.
Listo.

SOPA LIGADA DE COCIDO

INGREDIENTES

1,5 kg de morcillo de vaca
1 trozo de hueso de jamón ibérico
1 muslo de gallina
1 zanahoria
1 puerro
1 cebolleta pequeña
1 nabo pequeño
1 puñado de garbanzos remojados
1 diente de ajo
Unas ramitas de perejil
1 chorrete de vino blanco
1 puñado de fideos
1 trozo de calabaza cruda sin piel
1 tiento de salsa de soja
1 pizca de aceite de oliva virgen extra

PREPARACIÓN

· En una olla cubrir con agua el morcillo, la gallina y el hueso y dejar que hierva.
· Una vez hervido, escurrir el agua para que se vayan con ella las impurezas y lavar con agua fría los ingredientes.
· Trocear las verduras en pedazos menudos y atar el perejil con liz.
· Cubrir de nuevo con agua las carnes y el hueso, poner la olla al fuego y agregar las verduras, los garbanzos, el ajo, el perejil, el vino blanco y 1 tiento de aceite de oliva virgen extra.
· Cocer a fuego suave en una olla tradicional durante 2 horas (si lo hacemos en una olla rápida, estará listo en 25 min.).
· Una vez transcurrido el tiempo, abrir la olla, retirar el atadillo de perejil y escurrir las carnes en una bandeja.
· Triturar la sopa con la túrmix para reducirla a una crema untuosa, añadir los fideos y dejar que hiervan unos minutos.
· Con la mandolina, cortar la calabaza en tiras como papel de fumar.
· Añadir la calabaza a la sopa y dejar que hierva unos segundos más, vertiendo el golpe de salsa de soja y rectificando la sazón.
Listo.

Acompañar las carnes cocidas con la sopa o utilizarla para hacer ropa vieja, canelones, lasañas, croquetas o carne con tomate.

SOPA MARINERA DE ARROZ

INGREDIENTES

1,5 kg de mejillones
1 chorrete de vermú
1 vaso de agua
2 puerros en rodajas
2 dientes de ajo
1 bulbo de hinojo pequeño en rodajas
1 pellizco de azafrán
1 chorrete de pastis
100 ml de sofrito de tomate
1 puñado de arroz
2,5 l de agua
500 g de almejas pequeñas
1 pizca de aceite de oliva virgen extra
Cilantro o perejil fresco

PREPARACIÓN

· En una olla echar los mejillones con el vermú y el vaso de agua y hervir.
· En el momento en que veamos que se abren los mejillones, rescatarlos rápidamente para que no queden cauchosos y sacarlos de sus conchas.
· En una olla sofreír el puerro, el ajo, el hinojo y el azafrán, dando vueltas con una cuchara de madera.
· Añadir el pastis y dejar que se evapore.
· Entonces, incorporar el sofrito de tomate, el arroz, el agua y el jugo de mejillones colado, y dejar que cueza durante 20 min.
· Justo antes de sacarlo del fuego, incorporar las almejas para que se abran y dejen allí su gusto y añadir la carne de los mejillones.
· Picar cilantro o perejil y agregarlo al fondo, junto con 1 buen tiento de aceite de oliva virgen extra.
Listo.

SOPA EXÓTICA DE PUERROS

INGREDIENTES

1 kg de blanco de puerro

150 g de patatas

50 g de mantequilla

1 atadillo de verde de puerro + laurel + perejil + cáscara de limón

2 l de agua caliente

100 g de rape fresco

100 g de salmón fresco

1 chalota picada

1 pizca de jengibre rallado

2 lima

Aceite de oliva virgen extra

Cebollino picado

100 ml de yogur natural desnatado

1 sopera de mostaza

4 ostras abiertas

1 sopera de crema de rábano picante

50 ml de leche caliente

Hojas de perifollo

PREPARACIÓN

· Cortar finamente los puerros.

· Trocear en dados las patatas.

· En una olla, sudar muy suavemente los puerros, las patatas y la mantequilla durante 25 min.

· Añadir el atadillo de hierbas.

· Añadir el agua caliente, tapar la olla y dejar que se cueza suavemente otros 25 min.

· Picar en dados el rape y el salmón y reunirlos en un bol.

· Picar la chalota, añadirla al bol junto con la ralladura y el zumo de la lima y el resto de los ingredientes, salpimentar y reservar en la nevera.

· Además, batir el yogur, la mostaza y la ralladura de lima, mezclar bien y refrescar.

· Por último, echar las ostras, la crema de rábano y la leche caliente en el vaso de la batidora americana y triturarlo junto con la sopa, para que se integre y adquiera una textura fina y cremosa.

· Una vez hecho esto, no volver a calentarla.

· Rectificar la sazón.

· Servirla caliente o fría con el tártaro de pescado y la crema de yogur.

· Espolvorear una hojas de perifollo.

Listo.

SOPA «PORTUGUESA»

INGREDIENTES

1 cebolleta picada
4 dientes de ajo
2 patatas hermosas peladas
1 col pequeña
1 hueso pequeño de jamón ibérico
1 herradura de chorizo picante fresco
Agua caliente

PREPARACIÓN

· En el fondo de una olla sofreír la cebolleta con aceite y sal.
· Mientras, cascar las patatas y cortar en pedazos gruesos las hojas blancas de la col, reservando las más verdes.
· Añadir al sofrito las patatas y las hojas blancas de la col, dando unas vueltas.
· Cubrir generosamente con agua caliente y añadir 1 pizca de sal, el hueso y el chorizo sin pinchar.
· En una sartén, hacer un refrito de ajos laminados con 4 soperas de aceite de oliva virgen extra y verterlo en la cazuela pasándolo por un colador, para eliminar los ajos tostados y que solo caiga el aceite aromatizado.
· Cocer destapado durante 40 min.
· Sobre la tabla cortar en tiras muy finas las hojas verdes de la col y lavarlas.
· Una vez cocida la sopa, retirar el hueso y el chorizo.
· Meter la túrmix en la olla y triturar la sopa; si queda gruesa, aligerar con 1 pizca de agua o de caldo si hay.
· Agregar las hojas verdes y cocer 5 min. más.
· Sobre la tabla cortar el chorizo en dados hermosos y devolverlos a la sopa, rectificando la sazón.
Listo.

Legumbres & verduras

——

ALCACHOFAS CON HUEVOS

INGREDIENTES

2 alcachofas

3 chalotas

2 lonchas finas de tocino con veta

1 huevo

1 chorrete de vinagre PX

1 ramillete de perifollo

1 pizca de mantequilla

1 rebanada de pan tostado

PREPARACIÓN

· Limpiar las alcachofas y partirlas en rodajas finas o en cuartos.

· Saltearlas en una sartén con 1 pizca de mantequilla y aceite.

· Cortar en tiras finas la chalota y añadirla justo al final, al sacar del fuego las alcachofas.

· Colocarlas en un plato, junto a una rebanada de pan tostado.

· En la misma sartén con 1 pizca más de mantequilla, hacer el huevo a la plancha
y colocarlo sobre las alcachofas.

· Fuera del fuego, con la sartén aún caliente, pasar rápidamente las lonchas de tocino
fresco y colocarlas sobre el huevo.

· Añadir a la sartén 1 pizca de mantequilla, unas gotas de vinagre y el perifollo cortado
a tijera.

· Derramar la grasa sobre los huevos.

Listo.

BERENJENAS RELLENAS

INGREDIENTES

2 cebolletas picadas

3 dientes de ajo picados

1 conserva de pimientos del piquillo

3 berenjenas hermosas

1 ramillete de tomillo fresco

3 salchichas gruesas frescas

1 conserva de salsa de tomate

2 huevos

1 ramillete de perejil fresco

1 cuña de queso de Idiazábal rallado

PREPARACIÓN

· Horno a 190 °C.

· Sofreír la cebolleta y el ajo en una sartén.

· Añadir los pimientos picados a tijera.

· Cortar las berenjenas en dos a lo largo y sacarles con cuidado la pulpa.

· Picar la pulpa de la berenjena.

· Cuando el sofrito esté dorado, añadirle la berenjena, sal y el tomillo.

· En una sartén dorar la carne de salchicha, bien desmenuzada.

· Cuando esté hecha, añadirla al sofrito de verduras junto con el tomate y rehogar.

· Rectificar la sazón y retirar del fuego.

· Batir los huevos y añadirlos al relleno junto con el perejil picado.

· Colocar las berenjenas sobre una bandeja untada con aceite y rellenarlas.

· Espolvorearlas con queso rallado y hornearlas hasta que se doren.

Listo.

CEBOLLAS RELLENAS

INGREDIENTES

6 cebollas tiernas medianas
250 g de carne picada de ternera
250 g de carne fresca de salchicha
50 g de queso parmesano rallado
1 huevo
1 pellizco de pimentón
1 chorrazo de salsa Worcestershire
200 ml de caldo de carne o de resto de salsa
50 g de mantequilla en dados
Pan rallado
4 endibias deshojadas
2 cebolletas tiernas en tiras
1 sopera de mostaza tipo Dijon
2 soperas de vinagre de sidra
2 soperas de yogur natural
8 soperas de aceite de oliva

PREPARACIÓN

· Limpiar las cebollas sin retirarles el callo, pelarlas y rebanarles el extremo.
· Cocerlas a fuego muy suave en agua y sal durante 40 min.
· Enfriarlas en agua y hielos para detener la cocción.
· Horno a 180 °C.
· Colocar en una bandeja de horno todas las cebollas vacías, con el callo hacia abajo.
· Picar sobre la tabla la pulpa de las cebollas a cuchillo y sofreírla aparte en una sartén con 1 pizca de aceite de oliva y sal.
· En un bol mezclar la ternera, la carne de salchicha, el queso, el huevo, el pimentón, la pulpa de cebolla pochada y la salsa Worcestershire y rectificar la sazón.
· Rellenar las cebollas con el picadillo.
· Echar 1 pizca de pan rallado.
· Rociar con el caldo y la mantequilla y glasearlas en el horno durante 50 min., sin dejar de mojarlas con su propio jugo. Deben quedar brillantes.
· Servir las cebollas con una ensalada de endibias aliñada con una vinagreta hecha con la mostaza, el vinagre, el yogur y el aceite, añadiendo las cebolletas en tiras.
Listo.

COLES DE BRUSELAS CON CREMA DE QUESO DE IDIAZÁBAL

INGREDIENTES

24 coles de Bruselas
50 g de jamón ibérico picado
50 g de queso de Idiazábal rallado
30 g de cebolleta picada
25 ml de aceite de oliva virgen extra
250 ml de nata liquida
100 ml de caldo de carne
1 sopera de cebollino picado

Para los huevos:
4 huevos

PREPARACIÓN

· Limpiar las coles de Bruselas, retirando las hojas más gruesas y dejando intactos
los cogollos.
· Escaldar las hojas durante 1 min. en agua hirviendo, metiéndolas y sacándolas
para refrescarlas en agua helada, y cocer los cogollos en agua hirviendo con sal
durante 7-8 min. aprox., refrescándolos en agua con hielos. Escurrirlos y reservarlos.
· En una cazuela baja pochar la cebolleta con el aceite de oliva a fuego suave
sin que coja color, hasta que esté translúcida, añadir el jamón picado y sudar 1 min. más.
· Entonces, incorporar la nata liquida y reducir a la mitad, agregar el caldo y hervir
durante 5 min.
· Añadir las coles de Bruselas y guisarlas 15 min.; deben quedar tiernas pero no deshechas.
· Cuando falten dos minutos añadir el queso rallado.
· Espolvorear con el cebollino picado.
· Al servir, aliñar las hojas escaldadas con 1 pizca de sal y unas gotas de aceite de oliva,
colocándolas alrededor del plato.

· En una cazuela pequeña colocar agua y calentarla a unos 65 °C.
· Si no tenemos termómetro, el mejor indicador es meter el dedo y aguantar 5 seg.
sin quemarnos.
· Sumergir los huevos con cáscara y cocerlos durante 25 min., intentando mantener
la temperatura del agua.
· Una vez cocidos, retirarlos del agua, cascarlos con cuidado y colocarlos junto a las
coles de Bruselas guisadas.
Listo.

ESPÁRRAGOS CON SALSA MAJADA DE PIÑONES

INGREDIENTES

1 diente de ajo picado
2 anchoas en salazón
1 huevo duro
2 cucharadas de piñones
1 cucharada de alcaparras
1 pan tostado tipo *biscotte*
Aceite de oliva virgen extra
1 limón
1 ramillete de perejil
1 conserva de espárragos blancos

PREPARACIÓN

· En un mortero majar el ajo con 1 pizca de sal.
· Añadir las anchoas, el huevo pelado, los piñones, las alcaparras y el pan.
· Una vez obtenida una pasta con tropezones, añadir en hilo el aceite de oliva hasta lograr una salsa desligada.
· Al final rallar el limón y añadir 1 tiento de zumo.
· Añadir el perejil picado a tijera y salpimentar.
· Servir la crema acompañando los espárragos de lata escurridos.
Listo.

GARBANZOS SOFRITOS

INGREDIENTES

1 cebolleta
2 dientes de ajo
1 ramillete de cilantro
1 cucharadita de cúrcuma en polvo
1 cucharadita de pimentón picante
1 cucharadita de cominos
1 pizca de harina de garbanzo
1 bote de garbanzos cocidos
0,5 l de agua o de caldo
1 sopera de aceite de oliva

PREPARACIÓN

• Picar la cebolleta y los ajos y, en una sartén con aceite, rehogarlos.
• Picar los tallos del cilantro y añadirlos al sofrito, reservando las hojas.
• Añadir al sofrito la cúrcuma, el pimentón, los cominos y la harina, rehogando.
• Añadir los garbanzos escurridos y dejar que se guisen suavemente unos 10 min.
• Si es necesario, añadir un poco de caldo o de agua.
Listo.

Servir con una ensalada de cebolleta aliñada con las hojas de cilantro, 1 pellizco de mezcla de especias garam masala, *zumo de limón y aceite de oliva virgen extra.*

GUISANTES CON HUEVO Y LONGANIZA

INGREDIENTES

3 salchichas gruesas frescas
1 cebolleta
2 dientes de ajo
1 loncha de jamón picada
1 pizca de harina
1 chorrete de vino blanco
1 cogollo de lechuga
2 conservas de guisantes pequeños
6 soperas de salsa de tomate
3 huevos
Sal

PREPARACIÓN

· Cortar las salchichas en bocados y dorarlas en un sauté con 1 pizca de aceite.
· Añadir la cebolleta en tiras, los ajos, el jamón y la harina, rehogando.
· Añadir el vino y el cogollo cortado en tiras, removiendo.
· Añadir los guisantes y hervir unos minutos, rectificando la sazón.
· Justo antes de servir, hacer unos pozos en el sofrito y añadir la salsa de tomate y los huevos cascados.
· Salpimentar, cubrir con una tapa y cuajarlos, dejando la clara firme y las yemas jugosas. Listo.

JUDÍAS VERDES
Y PAK CHOIS ROJOS

INGREDIENTES

750 g de judías verdes
2 pak chois
2 cebolletas pequeñas picadas
100 ml de sofrito de tomate
1 sopera de pimentón de La Vera
6 dientes de ajo laminados
Sal y pimienta

PREPARACIÓN

· Limpiar y cortar las judías en tiras a lo largo.
· Rehogar en aceite las cebolletas y el ajo.
· Añadir el pimentón y el tomate al sofrito, y remover.
· Incorporar las judías verdes y sazonarlas, removiendo.
· Cubrir con una tapa y dejar que se guisen unos 5 o 6 min.
· Mientras, lavar los pak chois en varias aguas.
· Cortar en trozos grandes las pencas de los pak chois y guardar las hojas enteras.
· Añadir los pak chois a la sartén y dejar que se sofrían unos minutos, para que queden cocinados pero resistentes a la mordida.
· Rectificar la sazón, agregar las hojas y dejar que se cocinen prácticamente con el calor residual del estofado, para que queden firmes y bien verdes.
Listo.

Pastas, arroces & huevos

———

ARROZ CALDOSO DE CARNE

INGREDIENTES

1/2 conejo troceado

1 hígado de conejo

1 muslo de pollo troceado

300 g de costilla de cerdo troceada

2 codornices partidas en 8 pedazos

6 dientes de ajo enteros

3 alcachofas

1 cebolleta picada

1 pimiento rojo picado

1 puñado de tallos de borraja limpios

2 tomates maduros

1 puñado de almendra tostada

1 pizca de pimentón dulce de La Vera

1 pizca de canela

1 pizca de nuez moscada

1 clavo

1 pellizco de azafrán

1 chorrete de vino blanco

250 g de arroz redondo

Además:

1,5 l de agua caliente

PREPARACIÓN

· Dorar todas las carnes en una olla ancha y baja con el aceite de oliva y los dientes de ajo.

· Retirarlas cuando estén bien rustidas y añadir el hígado a un mortero.

· Limpiar las alcachofas y partirlas en cuartos.

· Añadir la cebolleta, el pimiento, las alcachofas en cuartos, la borraja y la sal, rehogando.

· Añadir el tomate rallado y sofreír.

· En el mortero, hacer la picada con el hígado y el resto de los ingredientes

(la almendra, el pimentón, la canela, la nuez moscada, el clavo y el azafrán).

· Devolver al sofrito toda la carne dorada y remover, añadiendo la picada y el agua caliente.

· Guisar durante 15 min.

· Entonces, agregar el arroz y guisar otros 14 min.

· Dejar reposar y listo.

FIDEOS CON COSTILLA Y MEJILLONES

INGREDIENTES

250 g de costilla de ternera en pedazos menudos

1,5 kg de mejillones grandes

1 vaso de vino blanco

2 cebolletas picadas

1 pimiento verde picado

1 chorrete de vino blanco

1 pastilla de caldo

1 pellizco de pimentón de La Vera

1 lata pequeña de tomate triturado

0,5 l de agua

300 g de fideos

1 l de agua caliente

1 yema de huevo

4 dientes de ajo pelados

300 ml de aceite de oliva virgen extra

PREPARACIÓN

• Sofreír en una olla los pedazos de costilla con aceite y sal.

• Mientras, limpiar los mejillones en agua, colocarlos en una olla con el vaso de vino
y abrirlos.

• Escurrirlos, colar el jugo en un cazo y reservar los mejillones en media cáscara.

• Retirar los pedazos de costilla sofritos y añadir al fondo la verdura, el chorrete de vino,
la pastilla y el pimentón y sofreír.

• Incorporar la costilla al fondo.

• Añadir el tomate, salpimentar y sofreír.

• Incorporar 0,5 l de agua y guisar 20 min. a fuego suave.

• En una sartén con 1 pizca de aceite tostar los fideos con cuidado de que no se quemen.

• Añadir los fideos tostados a la costilla guisada y dar unas vueltas.

• Agregar el jugo de mejillón y el litro de agua caliente, rectificando la sazón.

• Guisar unos 8 min. a fuego suave.

• Hornear los fideos durante 5 min. a 250 °C.

• Sacarlos del horno y colocar por encima los mejillones en su cáscara.

• Retirar del fuego, tapar y dejar reposar unos 5 min. para que queden listos.

• Preparar el alioli en el mortero majando los ajos y 1 pizca de sal.

• Cuando se obtenga una pasta, añadir la yema y el aceite de a poco, rectificando la sazón.

• Servir los fideos con el alioli.

Listo.

FIDEOS GUISADOS

INGREDIENTES

350 g de fideos
2 muslos de pollo deshuesados
3 dientes de ajo
1 ramillete de perejil
2 chorrazos de manzanilla
1 cebolleta
1 pimiento rojo
1 kg de berberechos grandes
6 cucharadas de sofrito de tomate
1 pellizco de azafrán
0,5 l de agua
3 puñados de pimientos pequeños de fritura tipo Gernika
1 ramillete de cebollino

PREPARACIÓN

· Dorar los fideos en una sartén o un wok con aceite y reservar.
· Cortar el pollo en dados pequeños.
· Sofreír en una olla los pedazos de pollo con el aceite escurrido de los fideos.
· Majar los ajos con el perejil y el azafrán y añadirlo sobre el sofrito de pollo, removiendo.
· Picar la cebolleta y el pimiento.
· Agregar 1 chorrazo de manzanilla, la cebolleta y el pimiento, rehogando.
· Poner los berberechos en una olla junto con otro chorrazo de manzanilla y abrirlos al fuego.
· Retirarlos en cuanto de abran, separar las cáscaras de los berberechos y colar el jugo.
· Volver al sofrito, añadir los fideos dorados y remover.
· Por último, añadir el sofrito de tomate y azafrán.
· Verter el jugo de los berberechos y completar con agua, rectificando la sazón.
· Guisar unos 8-10 min. a fuego suave.
· Retirar del fuego, tapar y dejar reposar unos 5 min. para que queden listos.
· Mientras, quitarles el tallo a los pimientos y saltearlos enteros en el wok en el que hemos dorado los fideos con aceite de oliva y sal.
· Picar el cebollino.
· Mezclar los berberechos con el aceite de oliva y el cebollino picado.
· Sobre los fideos terminados, colocar los pimientos salteados y los berberechos jugosos aliñados.
Listo.

HUEVOS CON PISTO

INGREDIENTES

1 cebolleta picada
2 dientes de ajo picados
2 berenjenas pequeñas
1 loncha de jamón ibérico muy picada
200 ml de salsa de tomate
8 huevos
2 mozzarellas
1 ramillete de albahaca
1 limón
1 sopera de piñones tostados
1 pizca de aceite de oliva virgen extra

PREPARACIÓN

· En una olla sofreír la cebolleta y el ajo picado.
· Pelar las berenjenas y cortarlas en dados menudos.
· Añadir al sofrito el jamón y las berenjenas y guisar el pisto 10-20 min. como mínimo.
Debe quedar muy pochado.
· Colocar en el fondo de 4 moldes individuales 1 buen cucharón de salsa de tomate.
· Cubrir con la berenjena guisada y, en cada molde, cascar 2 huevos.
· Meter al horno 8 min. para que las claras cuajen y la yema quede líquida y caliente.
· Antes de servir, colocar por encima la mozzarella partida en bocados, la albahaca rota
con las manos, la cáscara de limón y 1 pizca de zumo, aceite de oliva y los piñones.
Listo.

HUEVOS CON TOMATE Y ALBAHACA

INGREDIENTES

2 tomates medianos
1 trozo de mantequilla
2 dientes de ajo con piel
1 ramillete de albahaca (tallos + hojas)
1 pizca de azúcar
1 chorrete de nata líquida
4 huevos
1 chalota en tiras finas
1 pizca de aceite de oliva virgen extra

PREPARACIÓN

· Horno a 150 °C.
· Lavar los tomates y partirlos en dos.
· En una sartén, echar la mantequilla y espumarla a fuego suave con el ajo aplastado.
· Picar los tallos tiernos de la albahaca y añadirlos al fondo.
· Poner los tomates con el corte hacia abajo, 5 min.
· Pinchar el culo con un cuchillo para que salga el jugo.
· Darles la vuelta, añadir azúcar, sal y pimienta, y tenerlos otros 5 min.
· Voltearlos, salpimentar y vuelta otra vez del revés, añadiendo la nata e hirviendo unos minutos más.
· Colocar los medios tomates y el jugo formado en la sartén en el fondo de unos pequeños moldes de horno.
· Cascar 2 huevos en cada fuente y salpimentar.
· Meter todos los moldes en un baño maría al horno, 3 min. aprox.
· Antes de servir, aliñar las hojas de albahaca rotas con la chalota y 1 pizca de aceite de oliva virgen extra y colocarlas sobre el huevo a modo de ensalada.
Listo.

HUEVOS FRITOS CON JAMÓN ESPECIALES

INGREDIENTES

4 huevos
Patatas fritas de bolsa, tipo cerilla o paja
12 lonchas finas de jamón ibérico
Cebollino picado y hojas de perifollo

Para la salsa tártara:
250 ml de mahonesa
1 sopera de alcaparras
1 sopera de pepinillos
1 sopera de cebolla picada
1 sopera de cebollino picado
Sal y pimienta

PREPARACIÓN

· Picar finamente las alcaparras y los pepinillos.
· Mezclar en un bol la mahonesa con las alcaparras y los pepinillos picados, poner
a punto de sal y pimienta, y añadir el cebollino y la cebolla.
· Mezclar bien y reservar.
· Cascar los huevos en pequeñas tazas, calentar el aceite de oliva en una sartén y agregar
1 miga de pan como chivato, para controlar la temperatura.
· Freír los huevos con cuidado de que no se sequen.
· Colocar una base de salsa tártara en el fondo de un plato y añadir las patatas paja
formando un nido para el huevo, que escurriremos y colocaremos sobre las patatas.
· Rematar con las lonchas de jamón por encima, espolvorear con el cebollino picado
y unas hojas de perifollo, y servir de inmediato.
Listo.

HUEVOS NEGROS

INGREDIENTES

2 patatas medianas peladas
1 pimiento verde pequeño
2 dientes de ajo
250 ml de salsa negra de chipirones
2 huevos
12 lonchas finas de jamón ibérico fino

PREPARACIÓN

· Con la mandolina, laminar las patatas en un bol.
· Lavarlas en agua y secarlas con un trapo.
· Freírlas en aceite, que queden bien doradas.
· Laminar los ajos.
· Trocear en tiras anchas el pimiento verde.
· Calentar la salsa de chipirones.
· 1 min. antes de escurrir las patatas, añadir el pimiento y dar vueltas.
· Escurrir las patatas y los pimientos en una bandeja y sazonar.
· En el mismo aceite caliente, dorar los ajos laminados, escurrirlos en un platillo y freír
los huevos.
· Colocar la salsa de chipirón en una fuente hermosa y acomodar los huevos,
las láminas de ajo fritas, las patatas y los pimientos.
· Cubrirlo todo con el jamón ibérico.
Listo.

HUEVOS RELLENOS

INGREDIENTES

10 huevos cocidos
50 g de salmón ahumado
150 g de bonito en aceite
1 chorrete de líquido de pepinillos en vinagre
1 sopera de pepinillos en vinagre picados
80 g de mahonesa
1 sopera hermosa de kétchup
1 chorrete de zumo de limón
1 chorrete de salsa Worcestershire
1 ramillete de perejil picado
1 cuña de parmesano
4 yemas de huevo cocidas

PREPARACIÓN

· Partir los huevos en dos, apartar las claras y poner las yemas en un bol.
· Reservar 4 yemas de huevo.
· Picar el salmón en la tabla y añadirlo sobre las 6 yemas restantes.
· Desmenuzar el bonito, agregarlo al bol e incorporar el resto de los ingredientes.
· Rectificar la sazón y enfriar el relleno.
· Rellenar los medios huevos en una bandeja.
· Rallar por encima las yemas reservadas y el parmesano.
Listo.

HUEVOS REVUELTOS ROJOS

INGREDIENTES

1 cebolleta pequeña
1 diente de ajo
1 pizca de pimentón de La Vera
1 puñado de tomates cherry
2 huevos
1 ramillete de perejil fresco

PREPARACIÓN

· Sofreír la cebolleta y el ajo picados.
· Añadir el pimentón, remover, incorporar los tomates en dos y saltearlos.
· Batir los huevos con 1 pizca de sal.
· Amansar el fuego, echar los huevos y cuajarlos dejándolos jugosos.
· Añadir el perejil picado a tijera.
Listo.

Para desayunar un domingo, servir con pan tostado.

HUEVOS CON YEMAS DE ESPÁRRAGOS Y JAMÓN

INGREDIENTES

1 cebolleta picada
1 diente de ajo
Lascas de jamón ibérico
Pan de hogaza bueno
1 ramillete de perejil
1 lata de yemas de espárrago
2 huevos

PREPARACIÓN

· Sofreír la cebolleta con el ajo y el jamón.
· Añadir pellizcos de pan y el perejil cortado a tijera, rehogando.
· Abrir la lata de espárragos y añadir un poco del agua de la conserva al sofrito, reduciendo.
· Una vez seco, repartir los espárragos escurridos para que se les infiltre ligeramente el calor.
· Cascar el par de huevos, añadiendo solo las claras y reservando las yemas en las cáscaras.
· Pasado 1 min., colocar las yemas y que cojan temperatura, salpimentando.
Listo.

Sobre las yemas, servir chile fresco picado o salsa picante.

LASAÑA
DE BERENJENAS

INGREDIENTES

2 berenjenas
4 soperas de piñones
3 dientes de ajo
1 ramillete grande de albahaca (hojas + tallos)
750 ml de salsa de tomate
Sal y pimienta
Láminas de pasta de lasaña precocidas
400 g de queso tipo ricota
4 soperas de parmesano rallado

PREPARACIÓN

• Horno a 180 °C.
• Pelar las berenjenas y cortarlas en rodajas medianas, pasarlas por la sartén con 1 gota de aceite y salpimentarlas sobre una bandeja.
• Majar en un mortero los piñones, los ajos y la sal.
• Separar los tallos de las hojas de albahaca y picarlos.
• Sofreír el majado en una sartén, añadir los tallos y la salsa de tomate, hervir y retirar.
• En el fondo de una fuente de horno, colocar 1/3 de salsa de tomate, las láminas de pasta, 1/3 de berenjenas, 1/3 de ricota, las hojas de albahaca rotas con las manos y 1 chorrete de aceite.
• Agregar otra capa con los mismos ingredientes, y así hasta completar 2 capas más.
• Terminar con la salsa de tomate y espolvorear el parmesano.
• Hornear 35 min. hasta que la lasaña se dore y quede con un aspecto apetitoso.
Listo.

MACARRONES CON CHORIZO «CHIUM»

INGREDIENTES

1 chorizo de herradura
1 cebolla roja picada
2 dientes de ajo pelados
2 tazas de macarrones
1 chorrete de tomate concentrado
1 limón
1 golpe de salsa de tomate
3 tazas de agua caliente
2 mozzarellas
Restos de queso de la nevera
1 chorrete de aceite de oliva

PREPARACIÓN

• Picar en dados el chorizo y ponerlo a sofreír en una olla.
• Sobre el chorizo añadir la cebolla, el ajo machado y la sal, rehogando.
• Agregar la pasta cruda y el tomate concentrado y sofreír, incorporando la ralladura de limón y removiendo.
• Incorporar la salsa de tomate, dar una vuelta, verter el agua caliente y tapar, dejando que se guise unos 8 min.
• Mientras, trocear en pedazos menudos los restos de queso.
• En un tarro meter las mozzarellas en bocados, el suero que sueltan en las bolsas, las esquinas de restos de queso y el aceite, y triturarlo con la túrmix.
• Cerrar el tarro con rosca y reservar.
• Cuando la pasta esté hecha, rectificar la sazón y colocar por encima unos montones repartidos de la crema de queso.
Listo.

MIGAS DE PASTOR

INGREDIENTES

250 g de migas de pan secas
1 taza de agua
100 ml de aceite de oliva virgen extra
1 patata mediana pelada
4 lonchas de panceta ibérica
1 cebolla grande picada
2 huevos
Pimentón picante

PREPARACIÓN

• La víspera poner las migas en un bol, añadirles agua en forma de lluvia a la vez que se remueven y cubrirlas con un paño.
• En una sartén antiadherente con el aceite, sofreír con 1 pizca de sal la patata, cascada en bocados pequeños.
• Rehogarla sin que coja color, pero que se haga bien.
• Picar en dados la panceta.
• Entonces, añadir al sofrito la cebolla y la panceta y sofreír unos minutos más.
• Echar la mitad de las migas y remover.
• A continuación, volcar el resto de las migas y remover al fuego, añadiendo sal.
• Sofreír constantemente hasta que las migas pierdan humedad, unos 15 min. Deben quedar sueltas, pero no resecas.
• Freír los huevos y colocarlos sobre las migas, espolvoreados con pimentón.

La guarnición clásica de las migas es un pedazo de tocino, chorizo o morcilla. También se acompañan con melón, naranja o uvas moscatel.

PASTA CARBONARA

INGREDIENTES

200 g de espaguetis
200 g de tocineta en lonchas, cortada en trozos de 6 × 2 cm
3 yemas y 1 huevo entero
Pimienta negra recién molida
150 g de queso pecorino rallado
1 pizca de nata

PREPARACIÓN

· Poner a hervir agua con sal y cocer la pasta *al dente*.
· Sudar la tocineta en una sartén ancha a fuego bajo hasta que suelte la grasa
y esté bien dorada.
· En un bol mezclar las yemas, el huevo, el queso y pimienta negra molida a punta y pala.
· Reservar 1 taza de agua de cocción de la pasta y escurrir esta última.
· A la mezcla de huevos añadirle 1 chorrazo de agua de cocción y 1 tiento de nata.
· Escurrir la grasa de la tocineta.
· Incorporar la pasta a la sartén que contiene la tocineta, remover y verter la mezcla
de huevos, removiendo fuera del fuego.
· Con el calor acumulado se forma una salsa apetitosa.
· Rectificar la sazón.
Listo.

PASTA CON ALCACHOFAS Y PIMENTÓN

INGREDIENTES

4 alcachofas frescas
4 dientes de ajo
1 ramillete de perejil
1 chile fresco
1 pizca de pimentón picante de La Vera
1 chorrete de vino tinto
200 ml de salsa de tomate
200 g de pasta al gusto
1 pizca de aceite de oliva virgen extra

PREPARACIÓN

· Poner a hervir agua con sal.
· Cocer la pasta *al dente*, a fuego suave.
· Limpiar las alcachofas y cortarlas en láminas finas.
· Sofreírlas en una sartén, dorarlas bien.
· Majar los ajos, el perejil, el chile y sal, añadirlo al sofrito y remover.
· Agregar el pimentón, el vino y la salsa de tomate y guisar durante 5 min.
· Reservar 1 taza de agua de cocción de la pasta y escurrir esta última.
· Añadir la pasta al sofrito con 1 pizca de agua de cocción para estirar la salsa.
· Remover y que se empape bien.
· Verter 1 hilo de aceite de oliva.
Listo.

Espolvorear con parmesano rallado en la mesa.

PASTA CON ALMEJAS

INGREDIENTES

400 g de pasta *gnoccheti*
600 g de almeja arrocera
1 pizca de cayena fresca
1 chalota picada
1 diente de ajo picado
100 ml de vino blanco
200 g de tomate fresco en dados
200 g de tomate frito
4 cucharadas de aceite de oliva virgen extra
1 pizca de aceite de oliva virgen extra
Perejil picado
Sal y pimienta

PREPARACIÓN

· Cocer la pasta en abundante agua con sal durante 10 min.
· Mientras se cuece la pasta sudar la chalota, el diente de ajo picado y la pizca de cayena en una cazuela con 3 cucharadas de aceite de oliva.
· Desglasar con el vino blanco, dejar evaporar el alcohol unos segundos y añadir las almejas.
· Cuando comiencen a abrirse retirarlas rápidamente a un plato.
· Quitarles la concha que no contiene carne y reservar el resto.
· En la misma cazuela agregar el tomate en dados, sudar unos minutos y añadir el tomate frito.
· Escurrir la pasta reservando un poco de agua de cocción y echarla a la cazuela. Incorporar las almejas reservadas, dar unas vueltas para que todo se integre bien, poner a punto de sal y, si hace falta, agregar 1 pizca del agua de cocción de la pasta.
· Espolvorear el perejil picado, añadir unas vueltas de pimienta y terminar con 1 cucharada sopera de aceite de oliva.
Listo.

PASTA CON MORILLAS

INGREDIENTES

1 puñado de morillas secas
1 cebolleta
1 diente de ajo
1 trozo de mantequilla
200 g de pasta al gusto
1 chorrete de vermú blanco
1 ramillete de cebollino
1 vaso pequeño de nata
1 limón

PREPARACIÓN

· Poner agua a hervir en una olla y cocer la pasta.
· Un rato antes de empezar a cocer la pasta, remojar las morillas con agua hirviendo (justo cubrirlas).
· Picar la cebolleta y el ajo y en un sauté sofreírlos con mantequilla y aceite, salpimentando.
· Escurrir con la mano las morillas y rehogarlas en el sofrito, añadir el vermú y reducirlo.
· Colar el jugo de remojo de las morillas sobre el sofrito y seguir guisando suavemente para concentrar el sabor.
· Picar el cebollino.
· Reservar 1 taza de agua de cocción de la pasta y escurrir esta última.
· Agregar la nata al sofrito y hervir suavemente, incorporando la cáscara y el zumo del limón.
· Añadir la pasta a la salsa, dejar que se empape y enriquecer con el agua de cocción para estirar la salsa.
· Espolvorear el cebollino.
Listo.

PASTA CON SALMÓN AHUMADO

INGREDIENTES

200 g de pasta al gusto
2 chalotas picadas
1 diente de ajo pelado
1 ramillete de cebollino
150 g de salmón ahumado en un taco
1 chorrete de vodka
200 ml de nata
1 limón
3 puñados de canónigos

PREPARACIÓN

· Poner a hervir agua con sal y cocer a fuego suave la pasta, hasta que quede *al dente*.
· En una sartén, sofreír las chalotas y el ajo machado.
· Picar el cebollino.
· Cortar el salmón en tacos gruesos y añadirlos al sofrito.
· Menear, añadir el vodka, la nata y la ralladura de limón, y dejar hervir 1 min.
· Rescatar 1 taza de agua de cocción de la pasta y escurrir esta última.
· Añadir los canónigos y la pasta a la salsa, meneando.
· Si es necesario, agregar el agua de cocción a la salsa, para que se empape bien.
· Añadir unas gotas de zumo de limón y el cebollino.
Listo.

PASTA «JUANITO»

INGREDIENTES

400 g de macarrones
1 paquete de tocineta fina en tiras largas
1 ramillete hermoso de albahaca fresca
4 dientes de ajo
1 cebolleta en tiras
4 hamburguesas de vaca hermosas
1 chorrete de vino tinto
400 ml de salsa de tomate
Sal y pimienta

PREPARACIÓN

· Poner agua a hervir.
· En una olla con aceite de oliva, sofreír la tocineta cortada en pedazos anchos.
· Separar los tallos de las hojas de la albahaca y picarlos.
· Laminar los ajos.
· Añadir la cebolleta cortada en tiras, los tallos picados, los ajos y las hamburguesas en pellizcos gordos, y sofreír.
· Dejar que el fondo se agarre y añadir 1 chorrete de vino tinto.
· Una vez reducido, agregar la salsa de tomate y dejar que se guise 15 min. más.
· Añadir sal al agua en ebullición y echar la pasta hasta que quede *al dente*.
· Una vez cocida, retirar 1 taza de agua de cocción y escurrir la pasta.
· Incorporar la pasta recién cocida al sofrito de tomate ya guisado, dejar que se empape bien de salsa y añadir la hoja de albahaca, rota con las manos.
· Si es necesario, añadir agua de cocción para que la pasta quede en su punto.
· Rociar con 1 hilo generoso de aceite de oliva virgen.
Listo.

PASTA «AL BARRO»

INGREDIENTES

200 g de pasta fresca al gusto

3 soperas de mantequilla

2 ajos

1 chile

1 ramita de salvia

100 ml de sobra de salsa marrón (de cualquier guiso de carne)

1 cuña de queso curado tipo parmesano

PREPARACIÓN

· En agua con sal, poner a cocer a fuego suave la pasta.

· Hacer mantequilla avellana en la sartén, dejando que se caliente y se espume a fuego suave hasta que se vaya tostando.

· Entonces, sofreír en ella el ajo laminado, el chile picado y la ramita de salvia.

· Añadir sobre el sofrito la salsa marrón y dar unas vueltas.

· Retirar 1 taza de agua de cocción de la pasta y escurrir esta última.

· Añadir la pasta al sofrito y dejar que absorba bien la salsa.

· Agregar 1 pizca de agua de cocción, si lo pide, para estirar ligeramente la salsa.

· Pimentar con interés y añadir el queso rallado al gusto.

Listo.

PASTA «VERDE»

INGREDIENTES

200 g de pasta tipo orejitas
3 pak chois
200 g de coles de Bruselas
6 dientes de ajo pelados
1 chile fresco
2 soperas de sésamo tostado
4 filetes de anchoa en salazón
2 puñados de canónigos tiernos lavados
1 chorrete de aceite de sésamo

PREPARACIÓN

· Poner a hervir agua con 1 pizca de sal.
· Añadir la pasta al agua hirviendo y cocerla a fuego suave hasta que esté *al dente*.
· Trocear las coles en cuartos, lavarlas, agregarlas al agua de la pasta y remover.
· Soltar las hojas de los pak chois y separar las pencas del verde.
· Partir las pencas en pedazos gruesos y añadirlas al agua en la que sigue cociéndose la pasta.
· Reservar el verde de las pencas.
· Rescatar 1 taza del agua de cocción de la pasta y las verduras y escurrir la pasta.
· Machar los ajos y sofreírlos en un wok, añadiendo el chile, el sésamo y las anchoas.
· Incorporar las hojas verdes de pak choi y los canónigos, dar unas vueltas y agregar la pasta escurrida y las verduras, meneando.
· Fuera del fuego, añadir el aceite de sésamo y salpimentar.
Listo.

HUEVOS CON PIQUILLOS, CHAMPIS Y BEICON

INGREDIENTES

4 lonchas de beicon
1 puñado de champis
6 pimientos del piquillo
1 chorrazo de salsa de soja
4 huevos
1 ramillete de perejil fresco

PREPARACIÓN

· En una sartén dorar las lonchas de beicon y retirarlas.
· En la grasita añadir los champis laminados y dorarlos ligeramente.
· Agregar los pimientos en tiras, menear y añadir 1 tiento de salsa de soja.
· Una vez reducido el jugo de la sartén, cascar los huevos sobre el fondo sofrito hasta cuajarlos, bien cubiertos con una tapa para que la clara quede firme y las yemas, jugosas.
· Añadir el perejil cortado a tijera.
· Por último, colocar sobre los huevos el beicon frito y acompañar con pan tostado. Listo.

«RISOTTO» DE COLIFLOR Y RÚCULA

INGREDIENTES

1 l de caldo
1 cebolleta picada
2 dientes de ajo
100 g de jamón cocido picado
1 pizca de nuez moscada
1 coliflor pequeña (1/2 en botones, 1/2 en trozos grandes para ensalada)
300 g de arroz
1 chorrete de vino blanco
2 puñados generosos de rúcula limpia
1 sopera de mascarpone
3 soperas de queso comté rallado
Cebollino picado
1 sopera de nata
1 limón
Aceite de oliva

PREPARACIÓN

· Tener caliente el caldo.
· Sofreír en una olla la cebolleta junto con el ajo, el jamón y la nuez moscada.
· Con la mandolina, laminar muy finos los trozos de coliflor y meterlos en agua con hielos para que se rice, se endurezca y se retuerza.
· Añadir el arroz y perlarlo bien.
· Agregar los botones de coliflor y remover, incorporando el vino.
· Añadir el caldo de a poco y guisar el arroz unos 16 min.
· En el último minuto añadir la rúcula, troceada toscamente, y remover.
· Mantecarlo fuera del fuego con mascarpone y queso, rectificando la sazón.
· Pimentar con generosidad.
· Una vez escurrida y seca, aliñar la coliflor rizada con el cebollino, el aceite, la nata y el zumo y la ralladura de limón.
· Antes de servir, desperdigar la coliflor aliñada sobre el arroz.
Listo.

«RISOTTO» MARGARITA

INGREDIENTES

1 l de caldo caliente

2 cebolletas

2 soperas de tocineta en dados

2 dientes de ajo

300 g de arroz

1 chorrete de vino blanco

1 sopera de comté rallado

1 sopera de gorgonzola

1 sopera de Idiazábal rallado

1 ramillete de albahaca

1 trozo pequeño de queso parmesano

1 limón

2 puñados de tomates cherry en dos

1 conserva de *mendreska* de bonito

1 pizca de aceite de oliva virgen extra

PREPARACIÓN

· Picar la cebolleta.

· En una olla sofreír la tocineta, añadir la cebolleta y el ajo machado, y seguir sofriendo.

· Añadir el arroz y perlarlo, incorporar el vino y reducir.

· Verter de a poco el caldo caliente y cocer 14 min. aprox.

· Agregar los quesos fuera del fuego y remover suavemente, añadiendo unas gotas de vino blanco.

· En el mortero majar la albahaca, el parmesano, el limón y aceite de oliva.

· Añadir el majado sobre los tomates cherry y remover.

· Repartir el tomate aliñado sobre el arroz y colocar la *mendreska* laminada y escurrida. Listo.

TARTA DE PUERROS Y QUESO

INGREDIENTES

Para la masa quebrada:

300 g de harina
150 g de mantequilla fría en dados
1 huevo
1 sopera de agua
1 pizca de sal

Para el salteado:

75 g de zanahoria en rodajas finas
75 g de puerro en rodajas finas
1 rama de tomillo
1 sopera de vinagre de Jerez
2 soperas de miel
200 ml de agua

1 queso pequeño de cabra en rulo con ceniza
100 g de parmesano rallado
2 huevos
200 ml de nata

PREPARACIÓN

· Horno a 180 °C.
· Mezclar con la batidora la mantequilla fría y la harina hasta que quede arena.
· Añadir el huevo, el agua y la sal, y mezclar hasta obtener una masa homogénea.
· Filmar y reservar en la nevera durante 2 horas.
· Estirar la masa con el rodillo y forrar un molde desmontable de 24 cm.
· Recortar los bordes, pinchar con un tenedor y tapizar el fondo con papel sulfurizado y un montón de garbanzos para que, al cocerse en el horno, la masa no se levante.
· Hornear a blanco, sin que se dore, 15 min.
· Mientras, saltear la zanahoria y el puerro con aceite a fuego fuerte.
· Añadir el tomillo, el vinagre, la miel y el agua, sazonando y reduciendo a seco.
· Desmigar el queso de cabra sobre el fondo de la tarta ya horneada, espolvorear el parmesano y repartir el salteado de verduras.
· Batir los huevos con la nata, salpimentar y verter sobre el molde.
· Hornear durante 35 min., hasta que cuaje y se dore.
Listo.

Pescados, mariscos, moluscos & crustáceos

———

BACALAO FRESCO CON SOFRITO

INGREDIENTES

1 cebolla picada
1 diente de ajo
1 pedazo de jengibre
1 punta de curry
2 puñados de tomates cherry
1 chorrete de vino blanco
1 cogote de bacalao fresco de 750 g
4 chalotas
1 ramillete de perejil
1 limón

PREPARACIÓN

· Horno a 180 °C.
· En una cazuela alta y pequeña con aceite de oliva, sofreír la cebolla y el ajo.
· Pelar el jengibre y cortarlo en tiras finas, añadirlo al sofrito e incorporar el curry.
· Lavar y cortar los tomatitos en dos, añadirlos al sofrito junto con el vino, guisar 10 min.
y salpimentar.
· Preparar el cogote en lomos y sazonarlos sobre la tabla.
· En la sartén del sofrito, acomodar los lomos de bacalao con la piel hacia arriba
y regar con aceite de oliva.
· Hornear 2-3 min. a 180 °C.
· Cortar la chalota en tiras finas y deshojar el perejil.
· Aliñar la chalota y las hojas de perejil con la ralladura y el zumo del limón y aceite de oliva,
y salpimentar.
· Sacar el pescado del horno y a cada pedazo ponerle por encima la ensalada de perejil.
Listo.

BACALAO FRESCO «REHOGAO»

INGREDIENTES

3 cebolletas frescas en tiras finas

1 lomo hermoso de bacalao fresco de 250 g

4 dientes de ajo

1 pizca de pimentón picante de La Vera

1 lata de pimientos verdes entreverados

1 chorrete de vino blanco

1 ramillete de perejil fresco

PREPARACIÓN

· En un sauté dorar 5 min. las cebolletas con sal.

· Sobre la tabla, deshuesar y preparar el pescado añadiéndole sal.

· Agregar al sofrito el ajo machado, el pimentón y los pimientos rotos troceados con tijera y rehogar 5 min. más para que se poche bien.

· *Es importante dorar mucho la verdura.*

· Añadir el vino, reducir, hacer hueco en la verdura y colocar el bacalao con la piel hacia arriba, bien cubierto de sofrito, tapar y cocinar suavemente durante 2-3 min.

· Por último, picar el perejil y espolvorearlo sobre el pescado.

Listo.

BOGAVANTE
A LA AMERICANA

INGREDIENTES

1 bogavante vivo de 850 g
4 chalotas
1 sopera de mantequilla
1 pizca de chile
1 sopera de armañac
1 ramita de estragón
500 ml de salsa americana

PREPARACIÓN

· Cocer el bogavante partiendo de agua fría con sal (35 g/l).
· Picar las chalotas y, en un sauté, sudarlas en la mantequilla con el chile.
· Cuando arranque a hervir el agua del bogavante, escurrir inmediatamente el bicho y sumergirlo en agua helada con 1 pellizco de sal.
· Escurrirlo y separar la cabeza, las pinzas y el cuerpo.
· Trocear la cola en dos a lo largo.
· Dar un golpe a las pinzas para que se casque el caparazón.
· Partir la cabeza en dos, retirando el cartílago gomoso de estas últimas y el intestino.
· Salpimentar los trozos de bogavante.
· En el sauté con la chalota pochada, añadir 1 pizca de aceite y dorar las pinzas y las cabezas partidas, por la parte plana.
· Unos minutos más tarde, incorporar la cola y dorarla, salpimentando.
· Añadir el armañac y el estragón.
· Verter la salsa americana caliente y dar un ligero hervor.
· Rectificar la sazón y servir.
Listo.

CALAMARES ESTOFADOS «CHOUPAS»

INGREDIENTES

3 dientes de ajo pelados
2 cebolletas picadas
1 pimiento verde picado
1 pizca de chile fresco
4 patatas medianas peladas
2 dientes de ajo con su piel
1 kg de chipirones limpios, con piel
1 pizca de coñac
1 vaso de vino blanco
1/2 vaso de agua
Perejil fresco

PREPARACIÓN

• Poner una olla al fuego con aceite de oliva, los ajos machados, las cebolletas,
el pimiento, el chile y sal, y sofreír durante 20 min.
• Cortar las patatas en rodajas gruesas y lavarlas en agua.
• Escurrirlas, secarlas con un trapo y freírlas en una sartén con aceite de oliva
y los ajos aplastados.
• Escurrir las patatas fritas en papel absorbente.
• Sobre la tabla, cortar los chipirones en pedazos hermosos sin quitarles la piel, teniendo
en cuenta que al guisarlos merman.
• En la misma sartén, saltear de a poco los chipirones con 1 pizca de sal, añadirlos
al sofrito y desglasar con el coñac (así con todos).
• Agregar el vino blanco y el agua y guisar suavemente, cubierto, durante 35 min.
• Picar el perejil sobre la tabla.
• Añadir al final las patatas fritas al guiso de calamares y dejarlo hervir unos minutos
para que se impregnen bien de sabor.
• Espolvorear perejil.
Listo.

EMPANADA DE VIEIRAS

INGREDIENTES

Para la masa:
500 g de harina de maíz
200 g de harina blanca
5 g de levadura fresca
450 ml de agua
1 g de sal

Para el relleno:
8 cebolletas frescas picadas
4 dientes de ajo pelados
750 g de carne de vieiras troceada
1 pellizco de azafrán
1 chile fresco

1 yema de huevo

PREPARACIÓN

· Hervir la mitad del agua.
· En la cuba de la amasadora poner la harina de maíz y, con la ayuda del gancho
o rabo de cerdo, trabajarla al 2.
· Entonces, verter el agua hirviendo para escaldar la harina y trabajar 2 min. más.
· Añadir la harina blanca, la levadura y la sal, mezclar y agregar de a poco el agua
restante para formar una masa de pan, trabajando a velocidad 3 durante 10 min.
· Parar la máquina y dejar reposar la masa en la propia cuba durante 15 min.
· Al cabo, accionar de nuevo la velocidad 3 y amasarla otros 10 min.
· Retirarla de la cuba y echarla sobre la mesa, amasarla aplicando tensión, meterla
en un bol engrasado y cubrirla con un paño, dejándola 1 hora en un lugar cálido.
· También podemos hacer la masa a mano, sobre la mesa, en caso de no tener amasadora.
· En una olla sofreír la cebolleta, los ajos machados, el chile picado, el azafrán, sal
y aceite de oliva, durante 1 hora.
· Trocear las vieiras y sazonarlas.
· En una sartén dorarlas de a poco con 1 pizca de aceite.
· Escurrirlas a un colador.
· Añadir el jugo que sueltan las vieiras escurridas al sofrito de verduras y que reduzca
poco a poco.

*Una vez que el sofrito esté frío, escurrirlo para eliminarle la grasa sobrante y el jugo
y mezclarlo con las vieiras salteadas (así no se recuece).
Guardar el aceite sobrante del sofrito para pintar la empanada al meterla en el horno.*

· Horno a 170 °C.
· Partir la masa en 2 pedazos.
· Estirar 1 pedazo sobre una bandeja o molde desmoldable.
· Rellenar con la mezcla dejando un extremo de masa al aire.
· Pringar todo el contorno con yema de huevo y cubrir con el otro trozo de masa
estirada con el rodillo.
· Pinzar los extremos y pintar la superficie con el aceite sobrante del sofrito.
· Con la ayuda de una cuchilla hacer unas marcas longitudinales en la empanada.
· Hornear 45-50 min. sobre una rejilla.
· *En cuanto salga del horno, pintarla de nuevo con el aceite sobrante del refrito.*
Lista.

GALLO « LOLO&IGONE»

INGREDIENTES

1 gallo hermoso con piel, escamado
2 dientes de ajo
2 huevos batidos
Pan rallado
1 ramillete de perejil
6 anchoas en salazón
80 g de mantequilla
1 limón
2 soperas de alcaparras pequeñas

PREPARACIÓN

• Sacarle los 4 lomos al gallo, dejando la piel intacta.
• Poner una sartén a fuego suave con aceite y los ajos aplastados.
• Pasar el gallo salpimentado por huevo y pan rallado y escurrirlo.
• Freír a fuego suave los lomos de pescado en el aceite de oliva.
• Majar el perejil y las anchoas en el mortero.
• Una vez que todo el pescado esté frito, retirar el aceite de la sartén y pasarle un papel de cocina.
• Incorporar la mantequilla a la sartén y, cuando burbujee, agregar la ralladura y el zumo del limón y las alcaparras.
• Fuera del fuego añadir el majado, remover y verter sobre el pescado.
Listo.

«KOKOTXAS» DE BACALAO CON ALMEJAS A LA SIDRA

INGREDIENTES

2 dientes de ajo picaditos

150 ml de aceite de oliva

400 g de *kokotxas* de bacalao frescas

30 almejas

1/2 vaso de sidra (100 ml)

2 cucharadas de cebollino picado

1 punta de cayena fresca

Sal

PREPARACIÓN

· Echar el medio vaso de sidra en una cazuela amplia, llevar a ebullición y cuando hierva añadir las almejas, tapar y dejarlo a fuego fuerte justo hasta que se abran.

· Con la ayuda de una espumadera, retirar todas las almejas a una bandeja fría o un bol de cristal frío (para que pare la cocción y no nos queden cauchosas).

· Entonces, quitar con cuidado la concha que no tiene carne y la bisagra de los moluscos, para que no nos la encontremos al comer.

· Por otro lado, reducir el jugo que han soltado las almejas hasta que queden unas 8 cucharadas soperas. Con este jugo ligaremos las *kokotxas*.

· Calentar en otra cazuela baja y amplia el aceite de oliva y los dientes de ajo picaditos.

· Cuando el ajo empiece a bailar y se vuelva de color anaranjado claro, añadir la cayena y las *kokotxas* y cocerlas a fuego suave durante unos 4 min. aprox.

· Una vez pasado el tiempo, retirar todo el aceite y colocarlo en un cazo frío para bajarle un poco la temperatura.

· Ligar las *kokotxas* con este aceite dando movimientos de vaivén hasta que forme el pilpil y, a la vez, verter el líquido de las almejas que hemos reservado.

· Por último, y cuando esté ligado, añadir las almejas reservadas para que les entre el calor, espolvoreando el cebollino picado.

Listo.

LANGOSTINOS AGRIDULCES

INGREDIENTES

18 langostinos grandes pelados
Cabezas + peladuras de los langostinos
1 cebolleta
1 puerro
1 sopera de harina
6 dientes de ajo pelados
1 ramillete de cilantro fresco
1 tallo de limoncillo
1 chorro de coñac
1 vaso de vino blanco
200 ml de agua
200 ml de salsa de tomate
1 limón
1 sopera de azúcar moreno
1 sopera de agua
2 soperas de vinagre de sidra
3 soperas de anacardos pelados
2 soperas de pasas remojadas
1 pellizco de mantequilla

PREPARACIÓN

· En una olla, rehogar con aceite las cabezas y las peladuras de los langostinos.
· Añadir la cebolleta, el puerro y la harina, y remover bien.
· En el mortero, majar los ajos y los tallos de cilantro con el limoncillo.
· Añadir el majado a la olla y remover.
· Agregar el coñac, el vino, el agua y la salsa de tomate.
· Cocer 15 min., colar y reducir hasta obtener una salsa espesa.
· Rallar el limón en un cazo pequeño añadiendo el azúcar, el agua y el vinagre,
y reducir a fuego suave hasta que se forme un caramelo ligeramente dorado.
· Entonces, añadir sobre el caramelo la salsa de langostinos y hervir.
· En una sartén dorar los anacardos, las pasas y los langostinos, dando unas vueltas
rápidas.
· Añadir la salsa caliente, el zumo de limón y la mantequilla.
· Fuera del fuego añadir las hojas de cilantro cortadas a tijera.
Listo.

Servir con arroz blanco cocido tipo basmati.

LANGOSTINOS FRITOS CON SALSA ROSA

INGREDIENTES

25 langostinos hermosos, pelados y con la cola
1 chorrete de manzanilla
1 pizca de jengibre
1 pizca de ajo
1 punta de chile
150 ml de mahonesa
150 ml de yogur
1 naranja
4 soperas de salsa de tomate
1 chorrazo de kétchup
1 chorrete de salsa Worcestershire
Harina de fritura andaluza (harina de garbanzo)
2 claras de huevo

PREPARACIÓN

· Salpimentar los langostinos y colocarlos en un bol junto con la manzanilla,
el jengibre rallado, el ajo rallado y el chile.
· Dejarlos un rato en la nevera.
· Mientras, mezclar la mahonesa, el yogur, la ralladura y el zumo de la naranja,
la salsa de tomate, el kétchup y la salsa Worcestershire, y enfriarlo.
· Batir las claras para romperlas.
· Pasar los langostinos por harina, luego por las claras y de nuevo por harina, ayudados
de un cedazo para eliminar el exceso.
· Freírlos en aceite de oliva caliente y escurrirlos.
· Servir los langostinos fritos con la salsa rosa.
Listo.

MEJILLONES
EN ESCABECHE

INGREDIENTES

2 cebollas rojas
1 hoja de laurel
1 sopera de granos de pimienta negra
6 dientes de ajo
1 chile picante
2 kg de mejillones
100 ml de vino blanco
6 soperas de salsa de tomate
1 sopera de pimentón picante de La Vera
150 ml de vinagre de sidra
150 ml de aceite de oliva virgen

PREPARACIÓN

· En una olla sofreír las cebolletas en tiras con el laurel, las pimientas, los ajos machados y el chile.
· Incorporar los mejillones y el vino blanco y dejar que se abran.
· Rescatarlos y dejar que se templen.
· Reducir el jugo de la cazuela con la verdura y rescatar la carne de los mejillones.
· Una vez reducido el jugo, añadir la salsa de tomate, el pimentón, el vinagre de sidra y el aceite, hervir 5 min. y templar.
· Sumergir los mejillones escurridos en el escabeche y dejarlos allí en remojo 24 horas. Listo.

Servirlos con patatas pequeñas cocidas en agua, con su piel.

MERLUZA AL PILPIL CON «KOKOTXAS»

INGREDIENTES

2 trozos de lomo de merluza de 250 g

300 g de *kokotxas* de merluza

300 ml de aceite de oliva suave

2 cucharaditas de ajo muy picado

1/2 guindilla fresca picada

2 soperas de caldo de pescado

1 sopera de perejil picado

1 sopera de cebollino picado

PREPARACIÓN

• Poner la cazuela con el aceite, el ajo y la guindilla, arrimar al fuego suave y confitar durante 1 min. las *kokotxas* con la piel hacia arriba.

• Darles la vuelta, dejarlas otros 2 min. dependiendo del grosor, retirarlas del fuego y, con cuidado, retirar el aceite a un cazo o bol frío.

• Con cuidado de no romper las *kokotxas*, montar el pilpil añadiendo el aceite retirado y enfriado en hilo fino, sin dejar de dar vueltas, para que ligue la salsa.

• Una vez montado el pilpil, retirar las *kokotxas* a una bandeja y aligerar el pilpil con un poco de caldo.

• Llevar nuevamente la cazuela al fuego y añadir los lomos de merluza previamente salados con la piel hacia arriba.

• Cocinar los lomos a fuego suave añadiendo poco a poco caldo a la cazuela, para que la salsa no nos quede demasiado espesa y se cocine bien el pescado.

• Cuando los lomos estén listos, incorporar las *kokotxas* para que no se pasen de cocción. Añadir el perejil picado, ligar bien la salsa, poner a punto de sal y espolvorear el cebollino picado.

Listo.

MERLUZA CON ALIOLI DE AZAFRÁN

INGREDIENTES

Para el alioli de azafrán:
2 yemas de huevo
2 dientes de ajo
150 ml de aceite de oliva virgen extra
1 cucharadita de mostaza de Dijon
Azafrán
1 pizca de sal
Pimienta recién molida

1 merluza entera
4 patatas medianas
2 cucharadas de perejil picado

Para el refrito:
1 guindilla fresca
3 dientes de ajo fileteados
200 ml de aceite de oliva virgen extra
2 cucharadas de vinagre de sidra

PREPARACIÓN

· Para el alioli de azafrán, pelar los ajos y partirlos en dos para quitarles el germen.
· Colocarlos en un vaso de túrmix y añadir 1 pizca de sal, la mostaza de Dijon, el azafrán y las dos yemas de huevo.
· Agregar el aceite en hilo fino y montar con la túrmix a la máxima potencia, como si fuera una mahonesa.
· Mezclar bien, poner a punto de sal y listo.

· Lavar las patatas y colocarlas en una olla con agua fría y 1 pizca de sal.
· Llevar la olla al fuego y cocer las patatas con piel durante 20-25 min., a fuego suave para que no se nos rompan.
· Una vez pasado el tiempo, retirar las patatas del agua, dejarlas enfriar un poco, pelarlas con cuidado y cortarlas en rodajas de 1 cm de grosor.
· Colocarlas en el fondo de un plato o una bandeja.
· Limpiar bien la merluza, quitarle la espina central y abrirla. Salarla y asarla en una sartén antiadherente 6 min. del lado de la carne, darle la vuelta con cuidado y seguir asándola otros 8 min. del lado de la piel.
· Transcurrido el tiempo, colocar la merluza sobre las patatas cocidas, calentar el refrito de aceite, ajos y guindilla y, cuando el ajo comience a bailar y se ponga anaranjado, volcarlo sobre la merluza.
· En la misma sartén, añadir el vinagre de sidra y volcarlo sobre la merluza. Recuperar el refrito en la misma sartén y volver a hacer la misma operación otras 2 veces.
· Espolvorear con perejil picado.
· Acompañar con el alioli de azafrán.
Listo.

MERLUZA CON ALMEJAS EN SALSA DE PATATA

INGREDIENTES

1 cebolleta
2 dientes de ajo
1 chile fresco
2 patatas peladas y ralladas
1 chorrete de vino blanco
1 centro de merluza hermoso
16 almejas
1 ramillete de perejil
1 pizca de aceite de oliva virgen extra

PREPARACIÓN

· Picar la cebolleta y machar el ajo.

· En un sauté sofreír la cebolleta, el ajo y el chile.

· Rallar la patata sobre el sofrito y dar unas vueltas.

· Mojar con un poco de vino, evaporar y mojar con agua y sal.

· Guisar 15 min. a fuego lento, que reduzca.

· Sacar los lomos de merluza y sazonarlos.

· Colocar en la salsa los lomos de merluza con la piel hacia arriba junto con las almejas.

· Picar el perejil sobre la tabla.

· Cuando lleve 3 min. darles la vuelta a los lomos y dejar otros 3 min.

· Espolvorear el perejil, verter 2 soperas de aceite de oliva y ligar meneando.

Listo.

NAVAJAS AL ESTRAGÓN

INGREDIENTES
18 navajas frescas

Para la mantequilla de estragón:
150 g de mantequilla pomada
2 chalotas
1 manojo de estragón de 30 g

PREPARACIÓN
· Para la mantequilla, deshojar el estragón y picarlo finamente.
· Pelar y picar finamente la chalota.
· Colocar la mantequilla pomada en un bol y añadirle la chalota y el estragón picado.
Mezclar bien y colocar la mezcla en un recipiente.
· Reservar en un lugar frío.

· Asar las navajas a la plancha o en una sartén durante 2 o 3 min. dependiendo
del tamaño.
· Una vez que se abran colocarlas en un plato.
· Fundir la mantequilla de estragón en un cazo y napar sobre las navajas asadas.
· Servir.
Listo.

PATATAS EN SALSA VERDE CON RAPE REBOZADO

INGREDIENTES

Para el caldo:
1 verde de puerro en rodajas finas
1 chalota
1 cebolla
1 zanahoria
1 puñado de champiñones
2 kg de cabeza de rape y de merluza
1 chorrete de *txakoli*
3 l de agua
Rabos de perejil

Para el sofrito:
2 cebolletas
2 pimientos verdes
4 dientes de ajo pelados

Además:
1 cola de rape hermosa

1 pizca de harina
750 g de patatas peladas
1 chorrazo de *txakoli*
1 ramillete de perejil
2 huevos batidos
Harina
1 diente de ajo

PREPARACIÓN

· Juntar todos los ingredientes del caldo en una olla, hervir 20 min. y colarlo.
· Picar las cebolletas y los pimientos.
· En una olla amplia y baja sofreír las cebolletas picadas, los pimientos picados, los ajos machados y sal.
· Preparar el rape en medallones para rebozar, sazonarlo y colocarlo en una bandeja.
· Añadir la harina al sofrito y dar unas vueltas.
· Mientras, cortar las patatas en rodajas de 1 cm de grosor y añadirlas al sofrito, sin que monten unas sobre otras.
· Dar vueltas a las patatas y añadir *txakoli*, evaporar y verter el caldo de pescado hasta cubrir.
· Sazonar y guisar a fuego muy suave durante 25 min.
· Picar el perejil.
· Rebozar el rape con harina y huevo batido y freírlo en aceite caliente con 1 diente de ajo.
· Escurrirlo sobre las patatas en salsa verde que están al fuego y espolvorear el perejil picado.
Listo.

RODABALLO CON REFRITO DE TOMATE Y ALCAPARRAS

INGREDIENTES

1 rodaballo de 2,5 kg, limpio
50 ml de aceite de oliva virgen extra
Sal

Para los refritos:

100 ml de aceite de oliva suave
1 diente de ajo fileteado
1 cayena fresca pequeña, picada
3 cucharadas soperas de vinagre de sidra
1 cucharada sopera de perejil picado

Además:

6 filetes de anchoa en aceite
50 ml de aceite de oliva suave
100 g de tomate fresco en dados
2 soperas de alcaparras

PREPARACIÓN

· Triturar los 50 ml de aceite de oliva suave junto con las anchoas y reservar.
· Salar el rodaballo (aunque no mucho, ya que luego añadiremos anchoas) y marcarlo en una sartén con los 50 ml de aceite de oliva.
· Hay que marcarlo 13 min. por la parte oscura y 12 min. por la parte blanca. Pasado el tiempo, calentar los 100 ml de aceite de oliva junto con el ajo en una sartén y, cuando se vuelva de color anaranjado, añadir la cayena y, sin que se queme, el ajo.
· Volcar el refrito sobre el rodaballo.
· Añadir en la misma sartén las 3 cucharadas de vinagre de sidra y volcar nuevamente encima del pescado.
· Recuperar el refrito y repetir esta operación 2 veces más.
· Por último, volver a recuperar el refrito, añadirle el aceite de anchoas reservado, el tomate en dados y las alcaparras, darle un pequeño hervor y volcar sobre el rodaballo, espolvoreando con perejil picado.
Listo.

SALMÓN MARINADO

INGREDIENTES

1 lomo de salmón fresco con piel, de 800 g aprox.

2 limones

2 soperas de orujo de hierbas

6 soperas de azúcar

1 ramillete de eneldo fresco

9 soperas de sal ahumada

2 soperas de pimienta negra rota

2 soperas de té

Rebanadas de pan tostado

Para la salsa:

1 yema de huevo

2 soperas de mostaza

2 soperas de aceite de oliva virgen extra

1 pizca de miel

150 g de queso fresco cremoso

Vinagre de sidra

1 ramillete de eneldo fresco

1 limón

1 pellizco de wasabi

Pimienta molida

PREPARACIÓN

· Colocar en el fondo de una rustidera un paño de cocina abierto.

· En un bol, mezclar con los dedos la ralladura de los limones, el té, el orujo, el azúcar, el eneldo roto, sal y pimienta.

· Con un cúter hacer pequeñas incisiones a la piel del salmón, sobre la tabla.

· Colocar 1/3 de la mezcla sobre el paño y apoyar el salmón con la piel hacia arriba.

· Cubrir con el resto de la mezcla del bol y cerrar el paño, haciendo un paquete.

· Colocar encima del pescado otra rustidera con peso y meterlo 18 horas en la nevera.

· Preparar la salsa mezclando la yema, la mostaza, el aceite, la miel, el queso, el vinagre, el eneldo picado a tijera, la ralladura y el zumo del limón y el wasabi, y salpimentar.

· Escurrir el salmón del paño, lavarlo en agua y secarlo con un trapo limpio.

· Servir el salmón loncheado en una fuente con la salsa aparte y el pan.

Listo.

En el norte de Europa a este tipo de salmón marinado lo llaman «gravlax».

TÁRTARO
DE CHICHARRO

INGREDIENTES

200 g de chicharro fresco
Perejil picado
10 g de cebolleta picada
10 g de alcaparras
1 yema de huevo
1 yema de huevo de codorniz
25 ml de aceite de oliva virgen extra
10 g de pepinillo picado
20 g de kétchup
8 g de mostaza
5 g de tabasco
Sal y pimienta
Pimentón dulce
10 g de salsa Worcestershire
10 hojas de apio en rama
Cebollino picado

Además:

Rebanadas finas de pan tostado

PREPARACIÓN

· Limpiar el chicharro de espinas y coágulos y quitarle la piel.
· En una bandeja estirar el pescado picado y sazonar al gusto con sal, pimienta
y pimentón.
· Añadir el perejil, el cebollino picado, la cebolleta, las alcaparras picadas muy finamente,
el pepinillo y las hojas de apio picadas muy finas.
· Aparte, en un bol, poner la yema de huevo y la mostaza, añadir poco a poco el aceite
y batir con una varilla hasta emulsionar ligeramente.
· Agregar el kétchup, el tabasco y la salsa Worcestershire.
· Incorporar el pescado y mezclar bien.
· Colocar el tártaro en el centro del plato con una yema de codorniz por encima
y espolvorear cebollino picado.
· Acompañar con rebanadas muy finas de pan tostado y patatas fritas tipo chips.

«TXANGURRO» A LA DONOSTIARRA

INGREDIENTES

4 centollos cocidos y desmigados
1 cebolla roja picada
50 g de mantequilla
2 tomates maduros
100 ml de coñac
200 ml de salsa de tomate
200 ml de sopa de pescado
Pan rallado de miga fresca
Daditos de mantequilla

PREPARACIÓN

· Encender el grill del horno.
· Sofreír 45 min. la cebolla, la mantequilla y la sal.
· Mientras, lavar a cepillo los caparazones de los centollos, en la fregadera.
· Rallar los tomates en un bol.
· Agregar al sofrito el coñac y flambear, incorporar el tomate, la salsa de tomate
y la sopa de pescado, y guisar 10 min.
· Incorporar la carne desmigada del centollo y calentar poco para que no se seque.
· Rectificar la sazón y pimentar.
· Meter el relleno guisado en los caparazones y espolvorear con pan rallado
y unos daditos de mantequilla.
· Gratinar hasta que se forme una costra apetitosa.
Listo.

Carnes

———

ALBÓNDIGAS EN SALSA

INGREDIENTES

Para la masa de albóndigas:

750 g de carne de vaca

250 g de aguja de cerdo ibérico

185 g de cebolleta picada

2 chorretes de aceite de oliva virgen extra

1 yema de huevo

1 huevo entero

2 dientes de ajo picado

5 g de perejil picado

1 cucharada de pan rallado

1 pizca de miga de pan

1 pizca de harina

1 chorro de leche entera

Sal y pimienta

Para la salsa de zanahorias:

2 dientes de ajo picados

800 g de zanahoria picada

2 kg de cebolleta picada

2 cucharadas de aceite de oliva virgen extra

1 l de vino oloroso

2 l de caldo

PREPARACIÓN

• Para la salsa, rehogar a fuego medio la cebolleta y el ajo en aceite de oliva.

• Añadir la zanahoria y seguir sudando otros 5 min.

• Desglasar con el vino oloroso, reducir a seco y mojar con el agua y el caldo.

• Cocer 25 min., triturar con la túrmix o el pasapurés y poner a punto de sal.

• Para las albóndigas, rehogar la cebolleta en una cazuela con el aceite de oliva hasta que quede bien sudada, pero sin coger color.

• Poner en un bol todos los ingredientes: la carne de vaca, la aguja de cerdo, el huevo, la yema, el ajo picado, el pan rallado, el perejil, la miga de pan escurrida y la cebolleta previamente rehogada.

• Amasar con las manos hasta que quede integrado y poner a punto de sal.

• Formar pequeñas bolas de carne.

• Colocar la harina en una bandeja y, con las palmas de las manos, tocarla, aplaudir para quitar el exceso y bolear las albóndigas.

• Freír en aceite de oliva a alta temperatura para que se forme una costra crujiente por fuera y queden crudas por dentro.

• Introducir las albóndigas en la salsa y calentar bien, romper una de ellas, comprobar el punto de cocción y al final ligar con 1 chorretón de aceite de oliva.

• Es importante que no se sequen y que no cuezan más de 5 min. en la salsa.

Listo.

ASADO DE TIRA
«CUBA LIBRE»

INGREDIENTES

1,5 kg de asado de tira de vaca o costilla
Harina
2 clavos de olor
2 blancos de puerro
2 cebolletas
8 dientes de ajo
1 chorrazo de ron
2 refrescos de cola
1 puñado de hielo
1,5 l de caldo de carne
1 limón
2 plátanos macho
1 ramillete de cilantro
2 soperas de cacahuetes tostados
1 chile fresco
Vinagre de sidra
8 chalotas en tiras muy finas
Los granos de 1 granada

PREPARACIÓN

· Salpimentar los pedazos de costilla, pasarlos por harina y quitar el exceso.
· En una olla dorar los pedazos de costilla y añadir el clavo.
· Trocear las verduras y añadirlas al fondo con los ajos machados.
· Preparar el cubata en un vaso hermoso con hielo y el *twist* de limón.
· Añadir al guiso el zumo del limón y el cubata, salpimentando.
· Cubrir con caldo y guisar cubierto durante 90 min.
· Trocear el plátano en pedazos de 2 cm y freírlos.
· Escurrirlos del aceite y aplastar los tostones de plátano entre dos papeles.
· Volver a freírlos en el mismo aceite bien caliente hasta que queden tostados y crujientes.
· Triturar la salsa retirando el *twist* de limón.
· Majar en el mortero el cilantro con los cacahuetes, el chile, el vinagre y aceite.
· Añadir al mortero las chalotas y los granos de granada y remover, salpimentando.
· Servir la costilla guarnecida con la ensalada refrescante.
· Acompañar con los tostones de plátano frito.
Listo.

BOCADO DE LA REINA «STROGONOFF»

INGREDIENTES

400 g de bocado de la reina de vaca

2 chalotas

1 sopera de mantequilla

2 dientes de ajo

250 g de champiñones

150 ml de nata

1 sopera de mostaza de Dijon

1 ramillete de perejil

PREPARACIÓN

· Cortar la carne en tiras anchas y salpimentarlas.

· En una sartén muy caliente con aceite, dorar las tiras y reservarlas en una fuente.

· Picar las chalotas.

· En la misma sartén echar la mantequilla y las chalotas y sofreír.

· Cortar en cuartos los champis y añadirlos con 1 pizca de sal, removiendo.

· Picar el perejil.

· Agregar el ajo machado, dar unas vueltas e incorporar el perejil, la nata y la mostaza, mezclando.

· Devolver la carne a la sartén de la salsa y remover, justo unos segundos para que se le infiltre el calor sin secarse.

· Salpimentar.

Listo.

BRAZO DE GITANO «CARNÍVORO»

INGREDIENTES

Para la masa:
500 g de harina
5 g de sal
1 huevo
1/2 vaso de agua
175 g de manteca de cerdo

Para el relleno:
300 g de cabezada de cerdo fresca
2 chalotas picadas
1 chorrete de vino blanco
1 chorrete de oporto

1 chorrete de aceite de sésamo
1 ramillete de tomillo fresco
800 g de carne picada (mezcla de ternera +
  cabezada de cerdo)
300 g de jamón ibérico muy picado
1 huevo
1 chorrete de coñac
Nuez moscada
2 yemas de huevo para pintar
50 ml de nata líquida
1 yema de huevo

PREPARACIÓN

· Horno a 180 °C.

· Preparar la masa juntando los ingredientes y dejando reposar.

· *Podemos emplear masa hojaldrada estirada que hayamos comprado previamente.*

· Cortar la cabezada en dados gruesos y mezclarla con la chalota, el vino, el oporto, el aceite de sésamo y el tomillo y salpimentar.

· Mezclar las carnes picadas con el jamón picado, el huevo y el coñac, salpimentar e incorporar la nuez moscada.

· Dejar que todas las carnes reposen un buen rato en la nevera.

· Estirar la masa sobre la mesa dándole forma cuadrada.

· Cortar una banda larga de masa de 10 cm de ancho.

· Juntar los 2 boles de carnes.

· Sobre la masa, estirar la mezcla de carne a lo largo, como si fuera un brazo de gitano.

· Cerrar la masa formando un brazo relleno de carne.

· Cerrarlo por los extremos.

· Pintarlo con yema de huevo batida.

· En el punto donde se encuentren las masas, disponer la banda de masa de 10 cm de ancho y pintar por encima con la yema de huevo. De esta forma el brazo quedará perfectamente sellado.

· Colocar 2 chimeneas, preparar 2 agujeros e introducir en ellos un papel enrollado como un canuto, para que el vapor escape y el pastel no estalle.

· Enfriarlo un buen rato en la nevera antes de hornear.

· Hornear 90 min.

· Justo después de sacarlo del horno, retirar las chimeneas y por los huecos verter la nata mezclada con la yema, para que el interior quede jugoso.

· Comer tibio o a temperatura ambiente.

Listo.

Servir con una buena ensalada verde.

BROCHETAS DE CERDO Y ALBARICOQUE

INGREDIENTES

400 g de cabezada de cerdo ibérica en dados menudos
Albaricoques secos remojados en zumo de naranja
1 ramita de romero
2 dientes de ajo
1 chorrazo de aceite de sésamo
1 chorrazo de aceite de oliva
1 mandarina
1 pizca de mostaza
1 pizca de aceite de oliva
1 pizca de vinagre de Jerez
1 puñado de tomates cherry
1 puñado de picos de pan
1 bolsa pequeña de canónigos limpios
1 trozo de queso feta

PREPARACIÓN

· Ensartar la carne y los albaricoques en brochetas y meterlas en una bolsa con cierre zip.
· Majar en el mortero el romero, el ajo y la sal.
· Añadir el aceite de sésamo, el zumo del remojo de los albaricoques y el aceite de oliva.
· Volcar el aliño sobre las brochetas de la bolsa y meterla un rato en la nevera.
· Una vez pasado el tiempo, sacar las brochetas de la bolsa y secarlas con papel antes de asarlas en la sartén.
· Mientras se doran, rallar la mandarina en un bol y añadir el zumo, la mostaza, el aceite, el vinagre y los tomates cherry partidos en dos, mezclando bien.
· Añadir los picos rotos, remover e incorporar los canónigos y el queso feta desmigajado con las manos.
· Servir la ensalada removida junto con las brochetas.
Listo.

COCHINILLO ASADO

INGREDIENTES

1 cochinillo de leche de 5 kg
1 vaso de agua
1 cabeza de ajos
Sal y flor de sal

Para la vinagreta de ajo asado y queso azul:

120 ml de aceite de oliva virgen extra
40 ml de vinagre de Jerez
100 g de queso azul
1 sopera de puré de ajo asado
Sal

Además:

1 bol de escarola fresca

PREPARACIÓN

• Salar el cochinillo solo por el lado de la carne.
• Colocarlo en una bandeja de horno con la piel hacia abajo y con las orejas y el rabo envueltos en papel de aluminio para que no se nos quemen en el asado.
• Verter el vaso de agua en la bandeja y asarlo en el horno a 180 °C durante 2 horas, mojándolo cada 15 min. con el agua y el jugo que va soltando en la bandeja.
• Al darle la vuelta al cochinillo, una vez pasada la primera hora, añadir la cabeza de ajos y dejarla allí hasta el final de la cocción.
• Asarlo 1 hora más, continuando con la técnica de regarlo cada 15 min. y añadiendo un poco más de agua si hace falta, pero siempre sobre el cochinillo para que se mantenga hidratado.
• En los últimos 20 min., subir el horno a 200 °C, salar con la flor de sal sobre la piel y no regarlo más; de este modo la piel nos quedará bien crujiente y con un buen color dorado.
• Acompañar el cochinillo con una ensalada de escarola fresca aliñada con la vinagreta de ajo asado y queso azul, que se prepara colocando en un vaso de túrmix el queso azul, la pulpa de ajos asados y el vinagre de Jerez, añadiendo el aceite de oliva y triturando. Listo.

CORDERO CON HONGOS Y AJOS

INGREDIENTES

1,5 kg de paletilla de cordero lechal en trozos medianos
1 cebolla grande
0,5 kg de hongos prietos
3 dientes de ajo
6 pimientos choriceros abiertos, remojados en agua
1 pizca de harina
1 chorrazo de vino blanco
2 tomates maduros
25 dientes de ajo pelados
1 trozo de tocino de jamón ibérico
1 ramita de romero
1 sopera de miel
1 ramillete de perejil

PREPARACIÓN

· En una olla con aceite de oliva dorar el cordero, bien salpimentado.
· Picar la cebolla y limpiar con cuidado los hongos.
· Retirar a un plato el cordero dorado de la olla.
· En el mismo fondo, rehogar la cebolla, los ajos machados y los choriceros
y añadir 1 pizca de sal.
· Incorporar la harina, el cordero reservado previamente, el vino blanco, el tomate rallado
y el agua de remojo de los choriceros, sazonando.
· Guisar 1 hora a fuego suave.
· Transcurrida la hora, sacar la carne y reservarla.
· Triturar la salsa.
· Juntar la carne con la salsa pasada y añadir la miel, rectificando la sazón.
· En un cazo, cubrir los dientes de ajo con aceite y añadir el tocino y el romero,
confitando a fuego suave durante 20 min.
· Escurrir con un colador los ajos confitados.
· En una sartén dorar los hongos con 1 pizca de aceite de los ajos y salpimentar.
· Una vez dorados, agregar los ajos confitados y el perejil.
· Añadirlos sobre el cordero estofado en la cazuela.
Listo.

FALDA DE TERNERA GUISADA

INGREDIENTES

1 falda de ternera de leche
8 dientes de ajo picados
1 guindilla fresca
1 lata de anchoas en salazón
1 naranja
6 cebollas troceadas
4 dientes de ajo con piel
4 cucharadas de alcaparras
1 puñado de olivas negras majadas
1 vaso de vino blanco
1 lata de tomate triturado
Caldo de carne

PREPARACIÓN

· Horno a 170 °C.
· Freír en una sartén los ajos picados sin dorarlos demasiado y añadir la guindilla.
· Pimentar la falda estirada sobre la tabla, colocando por encima las anchoas,
la ralladura de 1/2 naranja y los ajos fritos con la guindilla.
· Es importante no añadir sal.
· Enrollar la falda y atarla con liz.
· En una olla dorar la falda y retirarla.
· Pelar la media naranja y trocear la mitad.
· Añadir la cebolla, los ajos, las alcaparras y las olivas negras y sofreír.
· Es importante no añadir sal al sofrito.
· Añadir la media naranja troceada, el vino blanco, el tomate y el caldo, cubriendo
a media altura.
· Devolver la falda al fondo guisado, cubrir con tapa y hornear durante 2 horas y 30 min.
· Retirar la carne del fondo, escaloparla gruesa y servirla con el jugo del fondo.
Listo.

HAMBURGUESA «SALTIMBOCCA» CON ÑOQUIS

INGREDIENTES

2 cebolletas tiernas en tiras
2 dientes de ajo pelados
50 g de mantequilla
6 hamburguesas de vaca pequeñas
12 lonchas finas de tocineta ibérica
1 ramillete de salvia fresca
1 barqueta de ñoquis frescos
1 pizca de harina
100 ml de oporto blanco dulce (vino blanco + Cointreau en su defecto)
1 limón

PREPARACIÓN

· Poner agua a hervir.
· Sofreír en aceite de oliva las cebolletas, los ajos machados, la mantequilla y la cáscara de limón.
· Envolver las 6 hamburguesas en una cruz de tocineta, incrustando 1 hoja de salvia en el interior.
· Una vez que todas las hamburguesas estén envueltas, hacer un hueco en el sofrito, dorarlas rápidamente y retirarlas.
· Sazonar el agua y añadir los ñoquis.
· Seguir sofriendo la verdura, añadir las hojas de salvia, la pizca de harina y el vino, y reducir.
· Bajar el fuego, agregar 1 pizca de mantequilla y zumo de limón y remover para ligar una salsilla.
· Reservar 1 taza de agua de cocción de la pasta.
· Escurrir los ñoquis y añadirlos a la salsa, incorporando 1 pizca de agua de cocción y removiendo para ligar el conjunto.
· Devolver las hamburguesas a la sartén, pimentarlas generosamente y servir.
Listo.

LOMO CON CIRUELAS Y MELOCOTONES

INGREDIENTES

1 cabezada de cerdo fresca de 1,2 kg
2 cebollas grandes
2 puerros hermosos
1 pastilla de caldo de carne
3 clavos de olor
8 medios melocotones en almíbar
1 chorrazo de vermú rojo
12 ciruelas pasas deshuesadas
Agua
Sal y pimienta

PREPARACIÓN

· En el fondo de una olla, dorar la cabezada en aceite de oliva y escurrirla cuando esté bien tostada.
· Picar las cebollas y los puerros.
· Añadir al fondo la cebolla y el puerro, sofreírlo e incorporar la pastilla, los clavos, 4 medios melocotones en cuartos y 4 ciruelas.
· Remojar en vermú las 8 ciruelas restantes.
· Introducir de nuevo el lomo en este fondo, regar con vermú y reducir.
· Cubrir a media altura con agua caliente y guisar cubierto durante 45 min.
· Dejar enfriar para poder cortar el lomo en rodajas de tamaño medio.
· Rescatar el lomo y enfriar para cortar.
· Triturar la salsa si se desea.
· Cortar el lomo y echarlo en la salsa.
· Añadir el resto de los melocotones en cuartos y las ciruelas remojadas escurridas.
· Guisar suavemente 15 min. más.
Listo.

MORCILLO
CON PIPERRADA

INGREDIENTES

1 morcillo de vaca recién cocido
4 pimientos verdes en tiras finas
4 cebolletas en tiras finas
1 lata de pimientos del piquillo
4 dientes de ajo
1 pizca de pimentón de La Vera
500 ml de pulpa de tomate rallada
1 tarro de salsa de tomate

PREPARACIÓN

· En una olla sofreír las cebolletas, los pimientos, los piquillos cortados a tiras con las manos y los ajos machados.
· Guisarlo durante 25 min., primero a fuego fuerte para que se dore bien y luego a fuego más suave para que se poche suavemente.
· Sobre la tabla trocear el morcillo en dados, con la ayuda de un cuchillo afilado.
· Agregar el pimentón, la pulpa de tomate, la salsa de tomate y el morcillo, y guisarlo 25 min. más para que la verdura se confite y quede bien pochado.
Listo.

Se pueden cascar unos huevos, cuajar una tortilla, hacer un revuelto, meter pasta o fraguar un arroz con esta base guisada.

MORROS EN SALSA «ZUBEROA»

INGREDIENTES

Para la cocción de los morros:
2 morros de ternera crudos
1 cebolleta
1 cabeza de ajos pelada
1 zanahoria
1 puerro
2 tomates maduros
1 puñado de tallos de perejil
45 ml de aceite de oliva virgen
2 l de caldo de carne
2 l de agua

Para la salsa:
4 cebollas dulces picadas
2 dientes de ajo picados
Caldo de cocción de los morros
Aceite de oliva virgen extra

Para freír:
150 g de harina
5 huevos batidos
1 pizca de sal y pimienta
Aceite para freír (50 % aceite de oliva
  y 50 % aceite de girasol)

PREPARACIÓN

Para la cocción de los morros:

· Limpiar los morros quemando los pelos con la llama de un soplete y repasarlos con una cuchilla de afeitar. Poner en una olla a presión los morros junto con las verduras limpias y en una red. Cubrir con el aceite, el caldo y el agua y cocer a fuego suave durante 2 horas y media.

· Pasado ese tiempo retirar la olla del fuego y colocar bajo el grifo de agua fría para bajar la presión. Abrirla y colocar los morros, estirados, sobre un colador, para que escurran bien, sino ese líquido se gelatiniza al enfriarse y a la hora de rebozarlos salpicará el aceite.

· Una vez bien fríos cortarlos en trozos regulares de 3,5 × 3,5 cm.

· Reservar el caldo de cocción colado.

Para la salsa:

· Poner a pochar la cebolla y el ajo en aceite de oliva a fuego muy suave sin dejar que tome color para que no se dore. Una vez bien pochada, escurrirla en un colador para quitar el exceso de grasa, devolverla a la cazuela e ir añadiendo poco a poco el caldo de cocción de los morros, así al tiempo que reduce va adquiriendo textura de salsa ligera. Tenerla así durante 1 hora aprox. Pasada esta, triturar la salsa en una batidora de vaso, colarla y verterla en una cazuela amplia, ancha y baja.

Para la salsa:

· Salpimentar ligeramente los trozos de morro cocidos y pasarlos por harina, sacudirla bien con las manos y echarlos al huevo batido. Freír inmediatamente en abundante aceite caliente y una vez bien dorados, escurrirlos sobre papel absorbente para eliminar el exceso de grasa.

· Una vez todos fritos, retiramos las rebarbas del rebozado y los metemos en la salsa de cebolla, guisándolos muy lentamente durante 2 horas aprox., hasta que queden muy tiernos y la salsa ofrezca un aspecto untuoso y gelatinoso. Rectificarlos de sal y dejarlos reposar antes de recalentarlos de nuevo para comer.

OSOBUCO EN SU JUGO CON PURÉ DE APIONABO

INGREDIENTES

1 kg de osobuco en 2 rodajas gruesas
250 ml de vino blanco
1 pata de cerdo limpia
1 cebolla roja
2 zanahorias
1 puerro
1 tomate
Tallos de perejil + romero + salvia
1 sopera de pimienta negra
1/2 anís estrellado
1 clavo de olor
1 trozo de macis
1 sopera de pulpa de choricero
1 chorrazo de coñac
4 dientes de ajo con piel
1 hoja de laurel
1 sopera de harina

Para el puré de apionabo:

1 bola de apionabo pelada y en dados
   hermosos
1 patata pelada
300 ml de leche
300 ml de nata
1 sopera de mantequilla

PREPARACIÓN

· Salpimentar el osobuco.
· Hervir el vino en un cazo.
· En una olla ancha con aceite, dorar la carne y la pata.
· Trocear las verduras en pedazos hermosos.
· Hacer el atadillo de hierbas.
· Retirar las carnes y eliminar la grasa.
· Añadir aceite limpio, rustir las especias y añadir la pulpa de choricero y el coñac.
· Agregar la verdura, los dientes de ajo machados, el atadillo, el laurel y la harina, y sofreír.
· Añadir el vino y agua caliente, y sazonar.
· Devolver la carne a la olla.
· Cocer a fuego suave 2-3 horas, siempre cubierto de agua.
· Una vez pasado el tiempo, sacar la carne y reservarla.
· Filtrar el jugo y reducir.
· Devolver el osobuco a la salsa.
· Deshuesar la pata, trocearla y meterla en la olla.
· Hervir suave durante 10 min., hasta que reduzca y brille la salsa.

· Para el puré, en un sauté colocar el apionabo con la patata troceada, la leche, la nata y 1 pizca de sal, cociendo cubierto a fuego suave durante 30 min.
· Transcurrido el tiempo, escurrir, pasar la pulpa por el pasapurés o por la túrmix e ir añadiendo de a poco el caldo de cocción, hasta lograr una textura de puré cremosa.
· Añadir la mantequilla, salpimentar y remover.
· Servir el puré con el osobuco guisado.
Listo.

PRESA DE BUEY
A LA MOSTAZA

INGREDIENTES

20 cebollitas salseras pequeñas, peladas
1 pellizco de mantequilla
1 pizca de azúcar
650 g de presa de vaca o de cantero de cadera

Para la salsa de mostaza:

10 granos de pimienta negra
10 granos de coriandro
3 chalotas picadas
1 chorrete de vino blanco
2 dientes de ajo con su piel
300 ml de jugo de carne
200 ml de nata líquida
2 soperas de mostaza tipo Dijon

1 pellizco de mantequilla
3 dientes de ajo
1 sopera de mostaza en grano
2 soperas de nata montada sin azucarar

PREPARACIÓN

• Poner en un sauté las cebollitas con la mantequilla y el azúcar, y arrimar al fuego.
• Cubrirlas con agua y cocinarlas 15 min. a fuego suave, hasta que se caramelicen.
• Romper en el mortero las pimientas con el coriandro.
• Para la salsa, en un sauté pochar las chalotas con el aceite y la mantequilla.
• Añadir el vino blanco, las especias rotas y los ajos aplastados, y reducir.
• Agregar el jugo de carne, la nata y la mostaza de Dijon, y cocer durante 2 min.
• Mientras, sobre la tabla cortar la presa o el cantero de cadera en escalopines medianos y salpimentarlos.
• Colar la salsa.
• En una sartén con aceite y mantequilla, dorar a fuego vivo los escalopines con los ajos aplastados, vuelta y vuelta, durante 1 min. aprox.
• Escurrirlos e incorporarlos a la salsa de mostaza.
• Ligar la salsa con la mostaza en grano y la nata montada.
• Rectificar la sazón.
• Colocar por encima las cebollitas glaseadas.
Listo.

RABO GUISADO

INGREDIENTES

1 botella de vino blanco
2 cebollas
2 zanahorias
4 chalotas
5 dientes de ajo
1 pastilla de caldo
Hierbas aromáticas (perejil, salvia, romero, tomillo)
1 rabo de vaca troceado
Harina
50 g de mantequilla
1 chorrete de coñac

PREPARACIÓN

· Hervir el vino en un cazo.
· Trocear las verduras y sofreírlas en una olla junto con los ajos machados y la pastilla.
· Hacer con liz un atadillo de hierbas y añadirlo al sofrito.
· Salpimentar el rabo, enharinarlo y dorarlo en una sartén con aceite hasta que se coloree bien.
· Ir añadiendo el rabo dorado al sofrito y menear.
· Agregar el vino al fondo, cubrir con agua y salpimentar.
· Tapar y guisar 2 horas, hasta que la carne se despegue del hueso.
· Una vez pasadas las dos horas, reservar la carne y triturar la salsa con la túrmix, tras retirar el atadillo.
· Añadir la mantequilla a la salsa, salpimentar y añadir 1 golpe de coñac.
· Incorporar el rabo escurrido y hervir a fuego suave unos minutos más.
Listo.

REDONDO DE TERNERA

INGREDIENTES

1 redondo de ternera
4 cebollas
2 dientes de ajo
2 zanahorias
1 ramillete de perejil + romero
3 clavos de olor
1 pizca de guindilla
1 puñado de hongos secos en láminas
1 trozo de piel de limón
1 vaso de vino blanco
1 chorrazo de coñac
1 vaso de agua

PREPARACIÓN

· Atar la carne con liz y salpimentarla.
· Dorarla en una olla rápida o en una cazuela con aceite de oliva y escurrirla.
· Trocear las verduras y rehogarlas en el fondo junto con el ramillete, el clavo, la guindilla, los hongos y el limón.
· Devolver el redondo al fondo rustido, mojar con vino y coñac, y reducir.
· Añadir agua hasta casi cubrir, cerrar la olla rápida y guisar a fuego muy suave entre 50 min. y 1 hora (2 horas si lo hacemos en una cazuela tradicional).
· Transcurrido el tiempo, escurrir la carne y pincharla para comprobar si está tierna.
· Si sigue dura, proseguir con la cocción.
· Mientras, triturar la salsa, sumergir la carne en ella y darle un hervor final.
· Rectificar la sazón.
Listo.

SOLOMILLO «MARILÉN»

INGREDIENTES

1 centro de solomillo de 1,5 kg
1 taza de salsa de soja
1 chorrazo de salsa Worcestershire
8 dientes de ajo con piel
8 soperas de mantequilla
1 chorrazo de whisky
1 chorrazo de aceite de oliva
6 chalotas picadas
6 dientes de ajo picados
1 hojita de laurel
2 soperas de pimientas negras machacadas
1 pellizco de harina
1 vaso de vino tinto
Perejil fresco
Estragón fresco
Salvia fresca
1 limón

PREPARACIÓN

· Hacerle al solomillo unos ligeros cortes cada 5 cm, para evitar que se curve al asarlo.
· Atar la pieza con liz.
· Ponerlo en un recipiente estrecho y rociarlo con la salsa de soja y la Worcestershire.
· Tenerlo buceando como mínimo 1 hora, dándole vueltas para que se pringue bien (no hay que meterlo en la nevera).
· Secarlo bien con un trapo y dorarlo por todos los lados en una olla con aceite.
· Guardar el jugo de la marinada.
· Una vez dorado, bajar el fuego y añadir los ajos y 4 soperas de mantequilla.
· Tenerlo 10 min. a fuego suave por cada lado, siempre con la tapa puesta.
· Rociarlo con una cuchara.
· Unos minutos antes de terminar, rociar con el whisky y pegarle fuego.
· Sacar el solomillo de la olla y dejarlo reposar en una rejilla, tapado con papel de aluminio.
· En la misma olla, sofreír el resto de la mantequilla junto con el aceite, las chalotas, los ajos, el laurel, las pimientas machacadas en el mortero y la harina.
· Dar unas vueltas, verter el vino y dejar reducir.
· Entonces, incorporar el jugo de la marinada.
· Reducirlo hasta que concentre el sabor y se espese un poco.
· Picar toscamente las hierbas.
· Colar la salsa en un cazo limpio.
· A la salsa añadirle las hierbas picadas, el aceite crudo y el zumo y la ralladura del limón.
· Llevar el solomillo sobre una tabla para trincharlo en la mesa.

Al cortar, los jugos resultantes se añaden a la salsa.
Si alguno quiere la carne más pasada, se mete un poco en la salsa caliente y listo.
No se echa sal en todo el proceso, la salsa de soja sazona suficiente.

Aves

———

ALITAS DE POLLO CRUJIENTES AL HORNO

INGREDIENTES

Para la salmuera:

1,5 l de agua

75 g de sal

25 g de azúcar

1 sopera de pimienta negra en grano

1 hoja de laurel

3 clavos

1 rama de romero

1 rama de tomillo

1 sopera de pimienta de Jamaica en grano

1/2 limón en rodajas

Además:

1,5 kg de alitas de pollo en dos

1 sobre de levadura en polvo Royal

3 cucharadas de maicena

PREPARACIÓN

· Horno a 150 °C.

· Hervir los ingredientes de la salmuera y dejarla enfriar.

· Una vez que esté bien fría, sumergir las alitas en ella y dejarlas 24 horas.

· Escurrirlas y secarlas bien.

· Mezclar la maicena con la levadura y enharinar las alitas eliminando el exceso con una palmada.

· Colocar las alitas sobre papel de horno en una bandeja, con la piel hacia arriba.

· Hornearlas 30 min.

· Una vez pasada la media hora, subir el horno a 250 °C y tenerlas 20 min. más, hasta que se doren bien.

Listas.

Servir con kétchup o salsa sriracha, o bien pintadas con alguna laca para carnes.

BECADAS ASADAS TRADICIONALES

INGREDIENTES

2 becadas desplumadas, con la cabeza y las tripas
1 trozo de grasa de jamón ibérico
2 pizcas de mantequilla
2 filetes de anchoas en salazón
1 trozo hermoso de terrina de foie gras
1 chorrete de armañac
100 ml de caldo de carne
2 rebanadas finas de pan tostado
1 chorrete de armañac

PREPARACIÓN

· Horno a 200 °C.
· Preparar las becadas, bridarlas con liz y salpimentarlas.
· En un sauté con la grasa de jamón, sofreír las anchoas y añadir 1 pizca de mantequilla
y aceite, coloreando las becadas por todos los lados.
· Rociarlas por todas partes con su grasa durante 3 min.
· Retirarlas del fuego y dejarlas reposar 5 min. cubiertas con un plato.
· Trincharlas sobre la tabla, separando la cabeza, las patas y las pechugas.
· Partir las cabezas en dos.
· Poner las carcasas en el sauté y hornearlas 10 min.
· Sacar las carcasas del horno y rescatar las tripas con una cuchara, añadirlas a un colador
junto con la terrina de foie gras y convertir ambas en un puré.
· Trocear las carcasas sobre la tabla, volverlas al sauté, añadir el armañac y el caldo
y hervir.
· Pasar el puré por el colador y extenderlo en las tostadas.
· Poner una sartén pequeña con la otra pizca de mantequilla y la carne de las becadas.
· Regar con sus jugos al fuego, sin que se sequen.
· Añadir las tostadas al sauté para que también queden regadas.
· Colar el jugo de becada en un cazo pequeño.
· Añadirle al jugo la mantequilla y unas gotas de armañac, y montar la salsa
con una varilla.
· Salpimentar el jugo y la becada.
· Servir la becada sobre las tostadas y regar con la salsa.
Listo.

CODORNICES CON SALSA DE VINO TINTO

INGREDIENTES

8 codornices limpias
175 g de jamón ibérico picado
500 g de cebolla
1 zanahoria
1 hoja de laurel
2 soperas de aceite de oliva virgen extra
600 ml de vino tinto
800 ml de caldo de carne
1 rama de tomillo
2 soperas de armañac
Sal y pimienta recién molida

PREPARACIÓN

· Cortar la cebolla en juliana y la zanahoria en rodajas.
· Salpimentar las codornices y colocarlas en un recipiente junto con la verdura troceada, la hoja de laurel y el vino tinto, y dejarlas marinar durante toda 1 noche.
· Transcurrido el tiempo, sacar las codornices de la marinada, escurrirlas bien, colar el líquido y reservarlo, así como las verduras.
· Marcar a fuego vivo las codornices con las 2 soperas de aceite de oliva dorándolas bien por todos los lados, retirarlas de la cazuela, sudar el jamón ibérico y retirarlo.
· Con la grasa que ha soltado el jamón, sin añadir más aceite, sudar la cebolla y las zanahorias.
· Añadir el armañac y flambear, agregar el vino tinto y reducir a una tercera parte. Agregar el caldo de carne y reducir nuevamente a una tercera parte.
· Triturar la salsa con la ayuda de la túrmix o de un vaso americano a la máxima potencia, e introducir las codornices en la salsa.
· Añadir la rama de tomillo y el jamón picado y cocerlas suavemente durante 10-12 min.
· Poner a punto de sal.
· Acompañarlas con unas zanahorias estofadas o hervidas, sin más.
Listo.

PALOMAS GUISADAS

INGREDIENTES

6 palomas desplumadas y evisceradas
2 cebolletas
2 chalotas hermosas
2 tomates
2 zanahorias
1 mazo de tallos de perejil
1 rama de tomillo + 1 de romero + 1 de salvia
1 cabeza de ajos
1 botella de vino tinto
1 chorrete de vinagre de Jerez
1 chorrazo de aceite de oliva

1 pizca de mantequilla
1 chorrazo de armañac
8 granos de pimienta negra
2 clavos de olor
2 bayas de enebro
1 pastilla de caldo
1 manzana reineta
1 onza de chocolate negro
1 pizca de mantequilla
1 chorrete de armañac

PREPARACIÓN

• Bridar con liz, bien prietas, las palomas limpias y desplumadas.

• Colocarlas en un bol con las pechugas hacia abajo.

• Trocear la verdura en pedazos hermosos y colocarla sobre las palomas.

• Añadir el atadillo de perejil y hierbas y los ajos.

• Cubrir con el vino, el vinagre y el aceite.

• Dejar reposar unas horas en la nevera.

• Entonces, escurrir las palomas, colar la marinada a una cazuela y ponerla a hervir.

• Reservar la verdura en el colador.

• En una olla, dorar las palomas con mantequilla y aceite, agregar 1 pizca de armañac al fondo en cuanto estén doradas y retirarlas.

• Añadir las especias previamente majadas en el mortero y dorarlas, incorporando la pastilla.

• Agregar la manzana y el chocolate, y rehogar.

• Añadir la verdura y sofreírla bien, hasta que pierda toda el agua y se poche bien.

• Incorporar las palomas doradas.

• Verter el líquido hirviendo de la marinada y rectificar de sal.

• Guisar tapado a fuego lento hasta que estén tiernas, 90 min.

• *Para comprobar si están hechas, las patas deben estar tiernas; inspeccionar pieza a pieza.*

• Sacar las palomas y triturar la salsa.

• Partir las palomas en dos con unas tijeras y meterlas en la salsa, para servirlas y comerlas más cómodamente.

• Añadir 1 pizca de mantequilla y unas gotas de armañac.

Listo.

Dejar enfriar y reposar un par de días antes de volver a calentar y comer.

PERDICES EN ESCABECHE

INGREDIENTES

6 perdices

600 ml de aceite de oliva virgen extra

20 dientes de ajo con piel

2 hojas de laurel

250 g de cebolleta picada

300 g de puerro picado

120 g de apio en dados

150 g de zanahoria laminada

600 ml de vino blanco

500 ml de vinagre de Jerez

1 l de agua

1 atadillo de romero + salvia + tomillo

1 puñado de escarola limpia

2 patatas cocidas peladas

PREPARACIÓN

· Eviscerar y desplumar bien las perdices y salpimentarlas.

· Reunir en un cazo el aceite y confitar en él los ajos y el laurel.

· Mientras, en una olla en la que las perdices quepan justas, pochar la cebolleta,
el puerro, el apio y la zanahoria.

· En una sartén con aceite, dorar aparte las perdices.

· Hacer el atadillo de hierbas.

· En la olla de las verduras pochadas acomodar las perdices, con el pecho hacia abajo.

· Regar con el vino, el vinagre, el agua, el aceite confitado y el atadillo.

· Al primer hervor, apagar y retirar.

· Enfriar en la misma olla a temperatura ambiente.

· Para servirlas, partirlas en dos con unas tijeras y presentarlas con las verduras
del escabeche.

· Aparte, en una batidora, podemos hacer una vinagreta batiendo un poco
de verdura escabechada con el jugo del escabeche y aliñar con ella la escarola
y las patatas cocidas partidas en rodajas.

Listo.

POLLO DE CASERÍO GUISADO

INGREDIENTES

2 kg de cebollas
2 pimientos verdes
1 pollo de caserío de 2,5 kg, troceado para guisar
1 cabeza de ajos
1 pizca de tomillo
1 botella de vino fino de Jerez
100 ml de coñac
0,5 l de agua caliente

PREPARACIÓN

· En un sauté grande, sofreír la cebolla y los pimientos picados con aceite de oliva
y sal a fuego muy suave durante 3 horas, sin que coja mucho color (es latoso,
pero la clave para una salsa celestial).
· Salpimentar los pedazos de pollo y refregarlos con abundante aceite, los dientes
de ajo de la cabeza partida en dos y los pellizcos de tomillo.
· Guardar el pollo en la nevera mientras se pocha la cebolla.
· Escurrir el pollo y dorarlo en una olla con abundante aceite.
· Desgrasar bien la misma olla y recolocar el pollo con la cebolla, el Jerez, el coñac
y el agua caliente.
· Cubrir y guisar 2 horas a fuego suave.
· Una vez pasado el tiempo, escurrir la carne y reducir la salsa.
· Poner la salsa a punto de sal y pimienta e incorporar los pedazos de pollo guisados.
· Hervir durante 20 min. y dejar que la cazuela se enfríe para comerla reposada,
con posterioridad.
Listo.

POLLO FRITO «GABARDINA»

INGREDIENTES

4 muslos de pollo deshuesados, sin piel
1 ramillete de tomillo fresco
1 ramillete de perejil fresco
1 chorrete de whisky
100 g de harina
1 sopera de aceite de oliva
2 huevos
1 vaso de cerveza
Harina para rebozo

PREPARACIÓN

· Trocear el pollo en pedazos regulares y meterlos en una bolsa salpimentados.
· Añadir las hierbas picadas y el whisky, y dejar unas horas en la nevera para que macere.
· Poner la harina de rebozo en una bandeja.
· Poner aceite de oliva a calentar en una sartén a fuego suave.
· Hacer la masa de fritura mezclando harina, aceite, las 2 yemas y la cerveza y salpimentando.
· Montar a punto de nieve las 2 claras e incorporarlas con delicadeza a la masa.
· Escurrir el pollo con un colador.
· Pasar el pollo por harina, sumergirlo en la masa de fritura y freírlo de a poco en el aceite caliente, para que se dore bien y por dentro quede bien jugoso.
· Escurrir el pollo en papel absorbente.
Listo.

POLLO ROJO

INGREDIENTES

4 muslos de pollo deshuesados
2 cebolletas en tiras
3 dientes de ajo enteros
2 pimientos choriceros secos
1 chile fresco o seco
1 hoja de laurel
3 clavos
1 copa de vino oloroso
1 pastilla de caldo
Agua

Para el arroz:

400 g de arroz tipo basmati
600 ml de agua
1 pedazo de canela en rama
3 granos de cardamomo
1 hoja de laurel
2 clavos de olor

PREPARACIÓN

• Salpimentar el pollo y sofreírlo en una olla con 1 pizca de aceite.
• Una vez bien sofrito, añadir la cebolleta, los ajos sin pelar, los choriceros abiertos
y lavados, el chile, el laurel y los clavos.
• Rustir bien el conjunto, pues será el éxito del pollo.
• Entonces, agregar el vino, la pastilla y el agua, y salpimentar.
• Guisar 40-50 min.
• Una vez pasado el tiempo, retirar con cuidado el pollo, triturar la salsa y ponerla
a punto de sal.
• Volver el pollo a la salsa y guisar 5 min. más, hasta que la salsa reduzca y el guiso
quede integrado.

• Lavar el arroz con agua fría en la fregadera, por lo menos un par de veces.
• Poner el arroz a remojo en agua durante 20 min.; el grano se hinchará un 25 por ciento.
• En una gasa fina meter la canela, el cardamomo abierto con la mano, el laurel
y el clavo, y atarlos con un poco de liz.
• Golpear la gasa cerrada en el mortero para que suelte mejor sabor en la olla.
• Añadir a los 600 ml de agua hirviendo 1 pizca de sal, la gasa de aromáticos,
1 pizca de aceite de oliva y el arroz escurrido, y dejarlo hervir 8 min.
• Según avance la cocción, añadir más agua caliente cuando veamos que se seca
el fondo.
• Pasados los 8 min., cubrir con una tapa, apartar del fuego y dejar que termine
de cocerse en su propio vapor.
• Levantar la tapa y desgranar el arroz con las púas de un tenedor.
• Podemos añadir 1 hilo de aceite de oliva virgen extra o 1 nuez de mantequilla.
• Servir junto con el pollo.
Listo.

POLLO «CRUJIENTE» CON CHUTNEY

INGREDIENTES

500 g de pechugas de pollo
4 huevos
200 g harina
Aceite de oliva para freír

Para el chutney:

60 g de cebolla roja picada
600 g de frutos rojos (frambuesas, moras, grosellas)
50 ml de vinagre de Jerez
60 g de mantequilla

Para el rebozado:

50 g de pan rallado
50 g de almendra molida o harina de almendra
50 g de parmesano rallado
50 g de jamón ibérico picado

PREPARACIÓN

• Para el chutney, en una cazuela pequeña sudar a fuego medio la cebolla roja junto con la mantequilla durante 4 min.
• Entonces, añadir la mezcla de frutos rojos y seguir cociendo durante 8 min.
• Añadir el vinagre de Jerez y dejar compotar a fuego bajo durante 15 min. Salpimentar y listo.
• Dejar enfriar y refrigerar para conservarlo.

• Para las pechugas, dejarlas 1 hora fuera de la nevera y cortarlas en escalopes de 1/2 cm con la ayuda de un cuchillo afilado.
• Preparar el rebozado en tres bandejas o recipientes.
• En el primero colocar harina, en el segundo los huevos ligeramente batidos y en el tercero la mezcla de pan rallado, parmesano rallado, almendra molida y el jamón ibérico picado muy finamente.
• Rebozar los filetes de pollo siguiendo siempre ese orden: la harina, el huevo y la mezcla de pan rallado, queso rallado, almendra molida y jamón ibérico.
• Calentar bien el aceite de oliva, pero sin que llegue a salir humo. Para comprobar que está caliente echaremos una miga de pan y, cuando comience a freírse y a dorarse, será el chivato de que está a la temperatura idónea.
• Sumergir durante 30 seg. los filetes de pollo empanados para que el rebozado tome un buen color pero el pollo nos quede bien jugoso por dentro.
• Acompañarlo con un poco del chutney recién hecho.
Listo.

PULARDA ASADA
EN SU JUGO

INGREDIENTES

Para el jugo de asado:

2 cucharadas de grasa de pato
Los cuellos y las puntas de la pularda troceados
2 carcasas de pularda o de pollo troceadas en pedazos menudos
2 chalotas
1 blanco de puerro
6 dientes de ajo con su piel
1 pizca de harina
1 chorrete de vinagre de Jerez
1 vaso de vino tinto
1 pularda de 2 kg, limpia
6 soperas de mantequilla
4 dientes de ajo con su piel
4 ramitas de tomillo fresco
3 patatas hermosas peladas
4 dientes de ajo con su piel
1 pedazo de terrina de foie gras hecha puré
1 pizca de mantequilla fría
1 chorrete de coñac
1 ramillete grueso de romero y tomillo

PREPARACIÓN

· Horno a 200 °C.
· En una olla con grasa de pato, tostar las carcasas de pularda o de pollo.
· Añadir las chalotas troceadas, el puerro troceado, los ajos y la harina, y sofreír 2 min.
· Añadir el vinagre y reducir a seco.
· Añadir el vino y reducir de nuevo.
· Mojar con agua caliente hasta cubrir y hervir 35-40 min.
· Abrir la pularda en dos, tipo *crapaudine*, sin separar las dos mitades.
· En un sauté con mantequilla, dorar los ajos aplastados y la pularda.
· Rustirla bien y rociarla con su grasa, añadiendo el tomillo.
· Meterla 25 min. en el horno, con la piel hacia abajo.
· Una vez transcurrido el tiempo, darle la vuelta y dejarla 25 min. más.
· Colocar en reposo la pularda sobre una rejilla tapada con papel de aluminio.
· Colar el jugo en un cazo pequeño.
· Cortar finas las patatas con la mandolina, lavarlas, secarlas y freírlas con
los ajos en abundante aceite de oliva.
· Ligar el jugo de pularda con el foie gras, la mantequilla y el coñac, pimentando.
· Escurrir las patatas fritas en papel absorbente y salpimentarlas.
· Con un cuchillo afilado, trinchar sobre la tabla la pularda reposada y salpimentar
los pedazos.
· Colocar el ramillete de hierbas decorativo y la salsa ligada cerca, en una salsera.
· Acompañar con las patatas fritas.
Listo.

Postres

———

BIZCOCHO DE NATA

INGREDIENTES

8 claras de huevo
435 g de azúcar
335 g de harina tamizada
335 g de nata líquida semimontada
1 chorrete de anís
La ralladura de 1 limón
Sal

Además:
Azúcar

PREPARACIÓN

· Horno a 190 °C.
· En un bol, montar con las varillas las claras junto con 1 pellizco de sal.
· A medio montar, agregar el azúcar y continuar hasta que estén bien firmes.
· Añadir con cuidado la mitad de la harina (como para un bizcocho), mezclando con una espátula.
· También con cuidado, incorporar la nata semimontada y la otra mitad de la harina, haciendo movimientos envolventes.
· Aromatizar con un poco de anís y la ralladura.
· Verter la mezcla en un molde engrasado y enharinado, para poder desmoldarlo bien.
· Espolvorear la superficie con abundante azúcar y hornearlo durante 30-35 min., hasta que al clavar una aguja entre sin dificultad y salga casi seca, ligeramente humedecida de masa.
· Dejarlo enfriar.
Listo.

BIZCOCHO DE ESPECIAS

INGREDIENTES

20 g de té negro
1 cucharita de 5 especias
1 pizca de canela molida
560 g de azúcar
9 huevos
1 pellizco de sal
300 ml de nata
1 pizca de ralladura de limón
1 pizca de ralladura de naranja
1 rama de vainilla
500 g de harina tamizada
12 g de levadura en polvo
200 g de mantequilla derretida

PREPARACIÓN

· Horno a 180 °C.
· Untar un molde con mantequilla y harina para poder desmoldar el bizcocho
sin dificultad.
· Moler el té en el molinillo de especias, añadir las 5 especias y la canela, y mezclar
con el azúcar en un bol amplio.
· Añadir los huevos sobre el azúcar y 1 pizca de sal, y batir generosamente.
· Agregar la nata, la ralladura de limón y naranja y los granos de vainilla rascados
de la rama.
· Mezclarle la harina tamizada y la levadura, y añadir la mantequilla derretida.
· Meter la masa en el molde.
· Cocerlo 45 min. aprox., hasta que al clavar una aguja entre sin dificultad
y salga ligeramente humedecida de masa, casi seca.
· Dejarlo enfriar para cortarlo.
Listo.

BIZCOCHO «GENOVÉS» DE ALBARICOQUE

INGREDIENTES

250 g de almendra en polvo

250 g de azúcar

7 huevos

100 g de albaricoques secos

1 limón

Mantequilla en pomada

2 puñados de almendras fileteadas

75 g de harina

75 g de maicena

1 sopera de ron

150 ml de mantequilla clarificada

PREPARACIÓN

· Horno a 170 °C.

· En el bol de la batidora, mezclar la almendra en polvo y el azúcar y añadir los huevos uno a uno, dejando que se vayan integrando de a poco en la masa.

· Batir unos 15 min.

· Partir en dados los albaricoques.

· Rallar el limón.

· Con la ayuda de una brocha, untar el molde con la mantequilla en pomada y forrarlo de almendras fileteadas para que se queden pegadas a las paredes.

· Mezclar con suavidad en la masa la harina y la maicena tamizadas, los albaricoques, la ralladura de limón, el ron y la mantequilla clarificada o, en su defecto, derretida.

· Verter la mezcla en el molde y hornear 50 min., hasta que al clavar un cuchillo entre sin dificultad y salga prácticamente seco.

· Dejarlo enfriar para cortarlo.

Listo.

BOLLO CON FRAMBUESAS

INGREDIENTES

3 bollos de dulce de leche
1 nuez de mantequilla
100 g de requesón cremoso
1 ramillete de menta fresca
1 puñado de frambuesas frescas
Miel

PREPARACIÓN

· Rebanar ligeramente el bollo de leche en la base y en la barriga.
· Abrir en libro sin llegar a soltar las dos partes.
· Dorarlos por las dos caras en una sartén con 1 nuez de mantequilla.
· Mientras, mezclar el requesón con la menta cortada a tijera y las frambuesas más maduras, aplastadas con las púas de un tenedor.
· Abrir el bollo, rellenarlo con el requesón y cubrirlo con las frambuesas enteras más presentables.
· Rociar con un hilo de miel.
Listo.

BUÑUELOS DE VIENTO

INGREDIENTES

250 ml de agua
2 ramas de vainilla
1 rama de canela
1 limón
150 g de mantequilla
200 g de harina
1 sopera de azúcar
1 pizca de sal
7 huevos pequeños
Azúcar para rebozar
1 manga de crema pastelera fría

PREPARACIÓN

· Hervir el agua con la vainilla rascada, la canela y el limón rallado.
· Retirarla y dejarla enfriar tapada para que absorba los aromas.
· Guardarla en la nevera 6-8 horas.
· Transcurrido el tiempo, colar el agua y ponerla de nuevo al fuego.
· Cuando hierva, añadir la mantequilla y retirarla del fuego.
· Agregar de un golpe la harina, el azúcar y la sal, removiendo.
· Pasar la masa al bol de un robot y amasar con la pala hasta que se enfríe.
Si no tenemos robot eléctrico, hacerlo con una varilla y empleando el brazo.
· Entonces, añadir los huevos de uno en uno, hasta conseguir una masa no muy blanda.
· Con la ayuda de unas cucharas, freír pequeñas porciones de masa deslizándolas
en un baño de aceite de oliva caliente.
· Escurrir los buñuelos en papel absorbente.
· Una vez fritos, pasar algunos por azúcar y otros rellenarlos con la manga
de crema pastelera fría.
Listo.

COPA IRLANDESA

INGREDIENTES

Para el granizado de whisky y café:

350 ml de agua mineral
150 ml de café expreso
100 g de azúcar
70 ml de whisky
1 hoja de gelatina

Para los vasos:

250 ml de leche entera
250 ml de nata
5 yemas de huevo
85 g de azúcar
1 cucharada sopera de whisky
15 ml de café soluble

Para el *chantilly*:

100 ml de nata
1 cucharada de azúcar en polvo
La ralladura de 1 naranja

PREPARACIÓN

· Para el granizado, hidratar la gelatina con agua fría.
· Mezclar el agua con el azúcar y el café y hervirla.
· Retirar del fuego, dejar templar y agregar la gelatina escurrida.
· Mezclar bien y enfriar.
· Cuando la preparación esté fría, añadir el whisky y volver a mezclar.
· Colocarlo en un recipiente plano y congelarlo.
· Cuando el granizado esté duro, raspar con las púas de un tenedor para obtener las escamas de granizado.

· Precalentar el horno a 80 °C.
· Mezclar en un cazo la leche con la nata y llevarlo a ebullición.
· Retirar del fuego, añadirle el café soluble y dejar infusionar durante 15 min.
· Mezclar las yemas con el azúcar en un recipiente, sin batir.
· Una vez pasado el cuarto de hora, agregar la mezcla colada de leche y nata templadas sobre las yemas y el azúcar (no debe estar caliente para que las yemas no cuajen).
· Mezclar bien y filtrar con un colador.
· Añadir la sopera de whisky, rellenar los vasitos con la preparación y hornearlos en una bandeja de horno durante 1 hora y 30 min.
· Retirar del horno, dejar templar y enfriar en la nevera como mínimo 1 hora.
· Cuando estén fríos, servirlos acompañados con 1 cucharada sopera de granizado de whisky y café y el *chantilly* de naranja, que hay que montar con las varillas en un bol: primero la nata y el azúcar y, cuando haya montado, añadir la cáscara rallada, teniendo la precaución de no batir demasiado la nata para que quede fina, no granulosa.
Listo.

FINANCIERAS
DE CHOCOLATE

INGREDIENTES

275 ml de nata

220 g de chocolate (70 por ciento de cacao)

110 g de mantequilla avellana

100 g de azúcar en polvo

75 g de harina

75 g de almendra en polvo

8 g de levadura en polvo

7 claras de huevo

1 pizca de sal

PREPARACIÓN

• Horno a 220 °C.

• Calentar la nata en un cazo y, cuando vaya a arrancar el hervor, verterla sobre el chocolate, troceado en un bol.

• Remover hasta obtener una crema derretida.

• Poner al fuego la mantequilla avellana, que no es sino mantequilla coloreada a fuego suave hasta que adquiere un aspecto tostado y desprende un olor a frutos secos.

• En una batidora de varillas mezclar el azúcar, la harina, la almendra, la levadura, las claras y la sal, y batir durante 5 min.

• Entonces, agregar la crema de chocolate y mezclar bien.

• Por último, incorporar la mantequilla derretida y batir otros 5 min. más.

• Dejar reposar la masa en la nevera al menos 1 hora.

• Entonces, rellenar moldes rectangulares de magdalenas financieras y hornearlos 20-25 min.

• Desmoldarlos antes de que se enfríen.

Listo.

FLAN «ORGÁSMICO» CON CREMA DE RON

INGREDIENTES

1 l de leche
250 ml de nata
1 vaina de vainilla
300 g de azúcar
10 yemas de huevo
6 huevos

Para el caramelo:
200 g de azúcar + agua + el zumo de 1 limón

Para la crema de ron:
200 ml de nata
30 g de azúcar de vainilla
1 chorrazo de ron

PREPARACIÓN

· Horno a 150 °C.
· Preparar un baño maría con un fondo de papel de periódico doblado.
· Hervir la leche con la nata y la rama de vainilla abierta.
· Poner los granos de la vainilla rascada en un bol con los 300 g de azúcar.
· Mezclar las yemas, los huevos, el azúcar y los granos de vainilla.
· Colar la leche tibia sobre la mezcla y remover.
· Hervir en una sartén 200 g de azúcar con la pizca de agua y el zumo de limón.
· Cuando se haga caramelo repartirlo en el fondo de unas flaneras.
· Verter la crema de flan en los moldes y hornear durante 1 hora.
· Sacarlos y dejarlos enfriar en el baño maría, fuera del fuego.
· Sacar los flanes cuando al menearlos el borde esté cuajado y el centro, bastante tembloroso.

· Para la crema de ron, echar la nata y el azúcar en un bol frío y montar con unas varillas una crema *chantilly*.
· Por último, perfumar con el ron y remover.
· Desmoldar los flanes a temperatura ambiente y servirlos con la crema. Listo.

LECHE «BILBAÍNA»

INGREDIENTES

800 ml de leche
200 ml de nata líquida
1 piel de naranja
1 piel de limón
1 rama de canela
175 g de azúcar
100 ml de ron
4 claras de huevo + 25 g de azúcar
Helado cítrico
Polvorones o similares

PREPARACIÓN

· Hervir la leche con la nata, las pieles de cítrico y la canela, 10 min. a fuego suave.
· Añadir los 175 g de azúcar, retirar del fuego y enfriar.
· Colar la mezcla y agregar el ron.
· Romper las claras, añadir los 25 g de azúcar e integrarlo con la mezcla anterior, obteniendo una especie de leche merengada.
· Meter en botellas y enfriar.
· Podemos beberla tal cual o usarla de sopa fría sobre una bola de helado cítrico espolvoreado de polvorones o galletas desmigados con las manos.
Listo.

LIMONES CONFITADOS

INGREDIENTES

8 limones
Azúcar

PREPARACIÓN

· Pelar los limones eliminando el pellejo amarillo interior.
· Por el tallo hacerles un corte en forma de cruz.
· Meterlos en una olla cubiertos de agua y hervirlos 5 min.
· Escurrirlos, cubrirlos con agua y tenerlos en remojo 3 días cambiando el agua
3 veces al día, como si fuera bacalao.
· Una vez pasados los tres días, ponerlos en una olla, cubrirlos a media altura junto
con su peso en azúcar y el agua de remojo, y hervirlos durante 20 min.
· Escurrir los limones y dejar que el almíbar reduzca, recordando que al enfriar
se espesa.
· Una vez que el almíbar esté en su punto, meter los limones y enfriarlos.
· Guardarlos en frascos en la nevera.
Listo.

*Son fantásticos fríos, troceados para comer con foie gras, cuajada, en tostadas,
para acompañar una rebanada de brioche, etc.*

MAGDALENAS CASERAS

INGREDIENTES

95 ml de aceite de girasol
95 ml de aceite de oliva
60 ml de leche
La ralladura de 1 limón
210 g de harina
10 g de levadura en polvo
1 pellizco de sal
125 g de huevos
175 g de azúcar

PREPARACIÓN

· Mezclar en una jarra los aceites, la leche y la ralladura.
· Tamizar y juntar sobre un papel la harina, la levadura y la sal.
· Batir en un bol los huevos y el azúcar.
· Cuando los huevos estén blanqueados y se espesen, reducir la velocidad y añadir
la mezcla líquida en hilo fino.
· Entonces, agregar la mezcla de harina y, cuando esté, aumentar la velocidad
y batir otros 2-3 min.
· Repartir la masa en cápsulas de magdalena con la ayuda de una cuchara grande.
· Enfriar en la nevera las cápsulas así estiradas, en la misma placa de horno,
al menos 6 horas, aunque pueden dejarse también toda la noche.
· Horno a 220 °C.
· Hornear durante 16 min. metiendo directamente la placa fría de la nevera.

*Antes de meterlas en el horno se puede espolvorear azúcar en polvo, pero
no crecerán rectas. Salen unas 12 magdalenas de 55 g.*

«PLUM-CAKE» DE PLÁTANO Y PASAS AL RON

INGREDIENTES

1 kg de plátanos pelados
2 puñados de pasas remojadas en ron
2 soperas de mantequilla
1 sopera de miel
350 g de mantequilla blanda
250 g de azúcar en polvo
4 huevos
2 cucharitas de levadura en polvo
250 g de harina
1 pizca de sal

PREPARACIÓN

• Horno a 180 °C.
• Untar un molde de *plum-cake* con mantequilla y harina.
• Partir en dados el plátano y dejar uno entero, partido en dos a lo largo.
• En una sartén con 1 sopera de mantequilla, saltear los dados de plátano junto con las pasas y la miel.
• Retirar el salteado de plátano a un plato frío recién sacado del congelador.
• Mientras, mezclar en un bol la otra sopera de mantequilla, el azúcar y los huevos uno a uno, añadiendo la levadura, la harina y la sal.
• Agregar la fruta salteada y su jugo, mezclando.
• Introducir la mezcla en el molde, apoyar los 2 medios plátanos sobre la masa con la parte plana hacia arriba y hornear 45 min., hasta que la superficie se tueste y, al pinchar con una aguja, esta salga seca y sin rastro de masa cruda.
• Esperar 10 min. antes de desmoldar.
Listo.

POSTRE DE YOGUR Y MELOCOTONES

INGREDIENTES

2 melocotones en almíbar
2 soperas de mermelada de melocotón
3 yogures griegos
1 chorrete de licor de melocotón

PREPARACIÓN

· Cortar el melocotón en dados gruesos y mezclarlos con la mermelada en un bol.
· Colocar el yogur en el fondo de 2 vasos y cubrir con esta mermelada
con tropiezos.
· Rematar con 1 golpe de licor justo en el momento de servir.
Listo.

Se puede acompañar con una bola de helado de un sabor favorito.

SOPA DE CHOCOLATE Y FRUTA ESCARCHADA

INGREDIENTES

200 g de chocolate con leche
250 ml de leche
250 ml de nata
2 ramas de canela

Además:

Frutos rojos
Claras de huevo batidas
Azúcar
Azúcar en polvo

PREPARACIÓN

· Picar el chocolate con leche a cuchillo o con la ayuda de un robot, colocarlo en una jarra y reservarlo.
· Llevar a ebullición la leche y la nata junto con las 2 ramas de canela.
· Cuando hierva, retirar del fuego y tapar con papel film, dejando infusionar 15 min.
· Una vez pasado el tiempo, verter la mezcla colada sobre el chocolate picado, triturarlo bien con la ayuda de la túrmix y verter la preparación en las copas o recipientes deseados.
· Reservarlos al fresco en la nevera.
· Pintar bien los frutos rojos con la clara, ayudados de una brocha, espolvorearlos con el azúcar y dejarlos toda la noche para que se sequen y tomen apariencia de escarcha.
· Espolvorearlos con azúcar en polvo justo antes de servirlos junto con la sopa fresca.
Listo.

SORBETE DE NARANJA «ALEGRE»

INGREDIENTES

0,5 l de helado de vainilla

0,5 l de zumo de naranja natural

1 chorrete de Cointreau

250 ml de nata semimontada como para irlandés

1 puñado de tejas o cigarrillos rusos

PREPARACIÓN

· En un vaso americano batir el helado con el zumo y el Cointreau.

· Verter en copas hasta media altura.

· Derramar por encima la nata semimontada para crear dos texturas, como si fuera un café irlandés.

· Romper por encima las tejas o los cigarrillos y servirlo antes de que se humedezca. Listo.

TARTA DE GALLETA
CON CHOCOLATE Y CAFÉ

INGREDIENTES

Para la *ganache*:
420 g de chocolate con leche
160 ml de café expreso
380 ml de nata fría

Para el remojado de café:
150 ml de café expreso
50 g de azúcar

Para la salsa de cacao:
150 ml de agua
120 g de azúcar
80 ml de nata líquida
80 g de cacao en polvo

2 paquetes de galletas María rectangulares
Almendras o avellanas picadas tostadas

PREPARACIÓN

• Picar el chocolate y derretirlo al baño maría.
• Incorporar 1/3 del café y mezclar poco a poco con una varilla, mientras se añade el resto del café.
• Por último incorporar la nata fría, mezclar bien y meter la crema en una manga.
• Guardar en la nevera 3 horas para que coja cuerpo.
• Para el remojado, mezclar y reservar a temperatura ambiente.
• En un molde de 23 cm de largo × 13 cm de ancho × 2,5 cm de alto, colocar las galletas empapadas en el remojado.
• Extender una capa fina de *ganache* o crema y dejar enfriar en la nevera unos minutos.
• Poner otra capa de galleta remojada en el café, extender la *ganache* y enfriar.
• Por último, extender otra capa de galleta remojada y enfriar la tarta en la nevera.
• En la manga sobrará *ganache* para el remate final.

• Para la salsa de cacao, hervir el agua con el azúcar y la nata y añadirlo al cacao, mezclando con una varilla hasta obtener una salsa lisa y brillante, licuada.

• Desmoldar la tarta y untar la *ganache* por los laterales.
• Rebozar los costados con almendras o avellanas.
• Servir con la salsa de cacao.
Listo.

TARTA DE LIMÓN

INGREDIENTES

Para la pasta azucarada:
125 g de mantequilla en pomada
90 g de azúcar en polvo
30 g de harina de almendra
1 huevo
250 g de harina tamizada

Para el relleno:
100 g de mantequilla fundida
4 huevos
120 g de azúcar en polvo
20 ml de zumo de limón

Azúcar en polvo
1 limón
1 molde de tarta con fondo móvil

PREPARACIÓN

• Horno a 150 °C.
• En un bol de batidora, mezclar la mantequilla con el azúcar, la harina de almendra y el huevo. Hacerlo sin batir mucho, justo amalgamar.
• Entonces, agregar la harina, hacer una bola, envolverla en papel film y dejar reposar 10 horas al frío.

• Para el relleno, en el mismo bol de batidora, batir los huevos y el azúcar.
• Sin dejar de batir, añadir el zumo de limón y la mantequilla fundida.
• Guardar la mezcla en un bol a temperatura ambiente.

• Estirar la masa con un rodillo y forrar un molde.
• Una vez forrado, pincharlo, extender papel de estraza y forrar de garbanzos el fondo. Hay que meterlo en la nevera 10 min. antes de hornearlo, 15 min. a 150 °C.
• Una vez horneado, retirar el papel y los garbanzos y verter la crema de limón en su interior.
• Hornear a 180 °C hasta que cuaje (habrá que mirar, tipo flan). El interior debe quedar tembloroso y el contorno, cuajado.
• Dejar que se enfríe completamente.
• Espolvorear de a poco la superficie de la tarta con azúcar en polvo y caramelizarla con la pala caramelizadora.
• Al final, rallar el limón sobre la superficie tostada de la tarta.
Listo.

TARTA DE MANZANA FÁCIL

INGREDIENTES

1 nuez de mantequilla
1 sopera de azúcar moreno
200 g de manzana reineta, rallada con piel
1 rama de vainilla
1 sopera de ron
250 g de harina
10 g de levadura en polvo
1 pizca de sal
1 limón rallado
150 g de azúcar
250 g de mantequilla blanda
5 huevos

Además:

2 manzanas reineta
1 sopera de azúcar moreno
1 pizca de mantequilla en dados

PREPARACIÓN

· Horno a 170 °C.
· Untar un molde con mantequilla y harina.
· En una sartén derretir la nuez de mantequilla con el azúcar moreno y caramelizarlo.
· Saltear a fuego fuerte la manzana rallada en ese fondo, añadiendo la vainilla rascada y el ron.
· Escurrir y reservar la manzana para que se enfríe.
· Mezclar el azúcar y la mantequilla e incorporar los huevos batidos uno a uno.
· Mezclar la harina, la levadura, la sal y la ralladura.
· Añadir la mezcla de harina a la masa anterior y la manzana salteada, removiendo.
· Poner la masa en el molde sin sobrepasar los 3/4.
· Con una mandolina, laminar muy finas las manzanas reineta.
· Colocar las manzanas sobre la masa del bizcocho cruda y espolvorear el azúcar y la mantequilla.
· Hornear durante 35 min.
· Retirarla cuando al clavar un palillo sale seco.
· Dejar enfriar la tarta para disfrutarla o servirla tibia.
Listo.

TARTA DE PERA

INGREDIENTES

Para la base de tarta:

250 g de harina

175 g de mantequilla blanda

65 g de azúcar

1 yema de huevo

1 limón rallado

1 pizca de sal

1 g de levadura en polvo

1 huevo

1 base de tarta

3 peras

1 chorrete de coñac o armañac

30 g de almendra molida

150 g de mantequilla

80 g de azúcar

3 yemas de huevo

PREPARACIÓN

· Amasar los ingredientes de la base en la cuba de una batidora sin insistir demasiado.

· Envolver la masa en papel film y meterla en la nevera.

· Precalentar el horno a 200 °C.

· Forrar un molde de 22 cm con la masa de tarta.

· Rallar las peras en un bol y regarlas con el licor y la almendra molida.

· Derretir la mantequilla en un bol y añadir el azúcar y las yemas, batiendo hasta obtener una crema homogénea.

· Colocar la mezcla de peras en el fondo del molde y cubrir con la crema recién hecha.

· Hornear durante 40 min.

· Retirar del horno y dejar que se enfríe bien.

Listo.

TARTA DE QUESO
Y CACAHUETE

INGREDIENTES

Para la base:

200 g de galletas tipo digestive
50 g de mantequilla blanda
100 g de chocolate negro
50 g de cacahuetes tostados
1 pizca de sal

Para el relleno:

150 g de queso crema a temperatura ambiente
200 ml de nata doble
3 huevos enteros
3 yemas de huevo
200 g de azúcar
100 g de mantequilla de cacahuete

Para la cobertura:

250 ml de nata doble
100 g de chocolate con leche
30 g de azúcar moreno
1 pizca de sal

PREPARACIÓN

Para la base:

· Triturarlo todo en el procesador y extenderlo en el fondo de un molde, aplastando.
· Meter 30 min. en la nevera.

Para el relleno:

· Horno a 170 °C.
· Triturarlo todo en el procesador y verterlo sobre la base de galleta de la nevera.
· Hornear durante 40 min.

Para la cobertura:

· Derretirlo todo a fuego suave.
· Verter esta mezcla sobre la superficie de la tarta recién sacada del horno
y hornearla 10 min. más a 170 °C.
· Retirar del horno y enfriar.
· Trocearla.
Listo.

TORRIJAS DE ROSCÓN

INGREDIENTES

1 roscón de reyes

Para el remojo:
5 huevos
500 ml de leche
500 ml de nata

Para la crema de almendras:
100 g de crema pastelera
80 g de mantequilla en pomada
1 huevo
80 g de almendra en polvo
80 g de azúcar en polvo
1 sopera de ron

Para la crema escarchada:
75 ml de nata semimontada
1 sopera de azúcar
2 soperas de fruta escarchada del roscón, picada

Además:
Mantequilla fría en dados
Azúcar

PREPARACIÓN

• Batir los ingredientes del remojo y meterlos en un recipiente estrecho.
• Retirarle las frutas escarchadas al roscón y trocearlo en rebanadas gruesas.
• Sumergir las rebanadas en el remojo y dejarlas empapar al menos 6 horas en la nevera.
• Picar las frutas escarchadas.

• Entibiar la crema pastelera en el microondas.
• Añadirle todos los ingredientes de la crema de almendras y remover con las varillas.
• Enfriar.
• Para la crema escarchada, terminar de montar la nata con unas varillas y agregar el azúcar y las frutas escarchadas, removiendo bien.
• Enfriar la crema, bien tapada.
• Pasar las torrijas escurridas por azúcar, por ambas caras.
• En una sartén con mantequilla, hacer a fuego suave las torrijas por las dos caras, hasta que se doren bien y se caramelicen.
• Escurrirlas, untarlas con la crema de almendras, espolvorearlas con azúcar y caramelizarlas con un soplete o una pala incandescente.
• Servirlas con la crema escarchada.
Listo.

TORTITAS DE FRUTA

INGREDIENTES

300 g de frambuesas
2 plátanos
170 ml de leche
1 huevo
250 g de harina integral + 1 pizca de levadura en polvo
1 pizca de sal
1 pizca de mantequilla

PREPARACIÓN

• Triturar en el robot la mitad de las frambuesas con 1 plátano, la leche, el huevo, la harina y la sal.
• Devolver la masa al bol en el que habremos reservado la mitad de las frambuesas enteras y el otro plátano picado, y remover.
• En una sartén antiadherente con 1 pizca de mantequilla, hacer las tortitas gordas, dejando que se tuesten por cada lado a fuego suave.
• Escurrirlas.
Listo.

Para desayunar, servirlas con yogur, muesli y miel.
Para merendar, servirlas con helado.

TOSTADA DE PLÁTANO Y CHOCOLATE

INGREDIENTES

1 rebanada gruesa de pan de brioche
1 pizca de mantequilla
1 mordisco de Nutella
1 yogur tipo griego
1 plátano maduro
Canela molida

PREPARACIÓN

· En una sartén con 1 nuez de mantequilla, dorar la rebanada de pan de brioche por ambas caras.
· Untarla con la Nutella y colocar por encima los bocados de yogur griego.
· Partir el plátano en rodajas finas y colocarlas encima.
· Espolvorear la canela.
Listo.

VASOS DE YOGUR Y PLÁTANO

INGREDIENTES

3 plátanos maduros
1 lima
1 pedazo hermoso de bizcocho de mantequilla
500 ml de yogur batido
4 soperas de muesli
1 pedazo de chocolate (70 por ciento de cacao)

PREPARACIÓN

· Partir los plátanos en daditos y echarlos en un bol.
· Aliñarlos con la ralladura y el zumo de la lima y remover, refrescando la fruta.
· Partir el bizcocho en dados de 1 × 1 cm.
· Rellenar los tarros con el yogur batido.
· Colocar por encima una capa gruesa de plátano aliñado.
· Rematar con los dados de bizcocho y el muesli, y rallar el chocolate con delicadeza y generosidad.
Listo.

VASOS DE CUAJADA, PLÁTANO Y MANGO

INGREDIENTES

3 plátanos maduros
1 naranja
2 sobados de mantequilla
400 ml de cuajada de oveja
4 soperas de muesli

1 pedazo de chocolate
  (70 por ciento de cacao)
1/2 mango
1 pizca de licor de avellanas
  o Frangelico

PREPARACIÓN

· Partir los plátanos en daditos y echarlos en un bol.
· Cortar en dados el mango.
· Aliñarlos con la ralladura y 1 pizca de zumo de la naranja y remover.
· Partir los sobados en dados de 1 × 1 cm.
· Rellenar los tarros con la cuajada batida pasada por la túrmix.
· Colocar 1 capa gruesa de plátano y mango aliñados.
· Por encima, esparcir los dados de sobado.
· Añadir el licor de avellanas y el muesli y rallar el chocolate negro.
Listo.

Bocadillos, sándwiches, panes & bollería

BOCATA DE CARNE COCIDA

INGREDIENTES

2 molletes de pan

2 tomates de colgar

1 cebolleta pequeña picada

1 pimiento verde pequeño picado

3 dientes de ajo

1 ramillete de perejil

1 pizca de pimentón picante

4 lonchas gruesas de cabeza de jabalí

150 g de carne de cocido o *pringá* desmigada

PREPARACIÓN

· Sofreír en un sauté la cebolleta, el pimiento, los ajos machados, sal y aceite.

· Picar el perejil a tijera sobre el sofrito.

· Abrir en dos los molletes, pringarlos de tomate de colgar y rociarlos generosamente con aceite crudo.

· Añadir el pimentón al sofrito, incorporar la cabeza de jabalí y dar unas vueltas rápidas.

· Agregar la carne y salpimentar.

· Rellenar el pan con la *pringá* de carne.

· Tostar los bocatas en la plancha para que queden crujientes y no se les escape el relleno ni lo escupan cuando los mordamos.

Listo.

BOCATA DE FILETE

INGREDIENTES

2 bollos de pan tipo *muffin*
1 tomate de colgar
2 filetes tiernos y finos de cadera de ternera
2 dientes de ajo fileteados
1 huevo

PREPARACIÓN

· Abrir los panes en dos y tostarlos en una sartén caliente.
· Sacar los panes y pringarlos de tomate y aceite.
· Echar en la sartén aceite de oliva y los dientes de ajo fileteados, y dorar.
· Colocar los ajos fritos sobre los panes.
· En la sartén cuajar el huevo batido y partir la tortilla en dos, sobre cada bocata.
· Subir el fuego, añadir 1 pizca más de aceite, freír los filetes vuelta y vuelta y colocarlos sobre el pan, sazonando.
· Apoyar el otro bollo sobre el jugo de la sartén, dar vueltas para que se empape de la salsa y cerrar el bocata.
Listo.

BOCATA «SIDERAL»

INGREDIENTES

1 bollo de pan hermoso, abierto en dos
1 lata pequeña de *mendreska* en aceite
6 anchoas en salazón, escurridas
8 guindillas medianas encurtidas, sin el tallo
Aceite de oliva
Salsa mahonesa

PREPARACIÓN

· Rociar los panes tostados con 1 pizca de aceite de oliva y pringarlos de salsa mahonesa.
· Colocar encima la *mendreska* de bonito, las anchoas escurridas y las guindillas encurtidas, partidas en dos si son muy grandes.
· Cerrar el bocata y apretar para que escupa el jugo y empape los bollos.
Listo.

BOLLOS SUIZOS

INGREDIENTES

100 ml de leche
12 g de levadura fresca
100 g de harina de fuerza

150 ml de leche
400 g de harina de fuerza
2 huevos
90 g de azúcar
5 g de sal
80 g de mantequilla en pomada

1 huevo batido para pintar
Azúcar

PREPARACIÓN

· Entibiar los 100 ml de leche y disolver la levadura.
· Mezclar en un bol 100 g de harina con la leche y la levadura mezcladas.
· Tapar el bol y dejar que la mezcla fermente durante 45 min.
· Echar el fermento en la cuba del robot y agregar el resto de los ingredientes excepto la mantequilla.
· Amasar hasta obtener una masa lisa.
· Entonces, añadir la mantequilla y amasar hasta que se integre.
· Colocar la masa en un bol aceitado y dejar fermentar 1 hora o hasta que la masa doble el volumen.
· Racionar la masa en porciones de 60 g y bolearlas.
· Colocarlas en una placa de horno sobre papel sulfurizado y tapar con film.
· Volver a fermentar durante 1 hora o hasta que doblen su volumen.
· Horno a 200 °C, con las resistencias de abajo y de arriba encendidas.
· Una vez que los bollos hayan fermentado, pintarlos de huevo y hacerles un corte alargado en la parte superior.
· Añadir el azúcar en los cortes.
· Cocer los bollos en el horno durante 8 min.
· Transcurrido el tiempo, encender el ventilador y hornear a 180 °C durante 2 min. más.
· Sacarlos del horno y dejarlos enfriar.
Listo.

Tener nata montada para rellenar algún bollo en plan salvaje.

FOCACCIA «HUEVONA»

INGREDIENTES

1 cebolla en tiras

2 huevos

100 ml de leche

200 ml de aceite de oliva virgen extra

300 g de queso feta

200 g de polenta de maíz

100 g de harina de maíz

3 g de levadura en polvo

250 g de espinacas + rúcula fresca

100 ml de agua

Cebollino fresco

Perejil fresco

PREPARACIÓN

· Horno a 180 °C.

· Engrasar un molde rectangular.

· Pochar la cebolla en aceite sin que se dore.

· En un bol batir los huevos y añadir la leche y el aceite de oliva.

· Añadir 200 g de queso feta, la polenta, la harina y la levadura, y salpimentar.

· Trocear a cuchillo las espinacas y las hierbas y agregarlas a la mezcla, integrándolas en la masa.

· Poco a poco añadir agua hasta aligerar la masa.

· Echar la mezcla en el molde, desmigar por encima 100 g de feta y estirar la cebolla previamente pochada.

· Hornear 45 min. hasta que se dore la superficie y se forme una especie de pan plano. Listo.

Servir como aperitivo con una cerveza helada.

HAMBURGUESA «DOS SALSAS»

INGREDIENTES

Para la salsa brava:

1 chalota
3 chiles frescos
1 conserva de piquillos
100 ml de salsa de tomate
1 chorrete de vinagre

Para la salsa César:

1 huevo + 1 yema de huevo
1 diente de ajo
1 sopera de vinagre de Jerez
250 ml de aceite de oliva virgen extra
80 ml de nata líquida
8 anchoas en salazón
120 g de parmesano rallado
1 chorrazo de salsa Worcestershire
1 chorrazo de salsa picante

2 panes de hamburguesa o mollete pequeño
2 hamburguesas de carne de vaca
6 rodajas de tomate muy finas
Hojas de menta
Hojas de cilantro fresco
1 cebolla roja picada
1 lima

PREPARACIÓN

· Para la salsa brava, sofreír la chalota y los chiles picados.
· Mientras, meter las tijeras en el tarro de pimientos y picarlos.
· Incorporar los piquillos al sofrito de chalotas, remover y añadir el tomate y el vinagre.
· Guisar 20 min. y triturar o pasar por un pasapurés.

· Para la salsa César, colocar en un vaso el huevo, la yema, el ajo y el vinagre, y salpimentar.
· Triturar con la batidora y añadir en hilo el aceite para montar una mahonesa.
· Incorporar el resto de los ingredientes y volver a triturar.
· Rectificar la sazón.

· Tostar las rodajas de pan en una sartén, por la cara blanca.
· Hacer las hamburguesas vuelta y vuelta dejándolas al gusto, más o menos hechas.
· Untar la salsa brava sobre la base del pan y apoyar la carne dorada.
· Pringar la carne con la salsa César y colocar las rodajas de tomate.
· Cubrir con cilantro, menta y cebolla roja picada.
· Pimentar generosamente y exprimir por encima la lima para que lo empape todo.
· Cerrar el pan.
Listo.

HAMBURGUESAS CON CHAMPIS Y HUEVO

INGREDIENTES

50 g de mantequilla

El zumo de 1 limón

100 ml de agua

500 g de champiñones laminados finos

2 huevos

Vinagre de sidra

1 sopera de mostaza tipo Dijon

60 g de queso fresco

150 ml de aceite de oliva

2 hamburguesas de vaca hermosas

2 panecillos de hamburguesa tiernos, abiertos en dos

PREPARACIÓN

• En una cazuela fundir la mantequilla, añadir el zumo de limón y el agua, y salpimentar.

• Agregar los champis laminados, remover y hervirlos 5 min.

• Escalfar los huevos en agua con el vinagre y escurrirlos jugosos, con la clara cuajada y las yemas calientes y fluidas.

• Reservarlos en un baño de agua tibia con 1 pizca de sal para que no se enfríen.

• Luego, escurrir los champis y añadir el jugo que sueltan a un vaso de túrmix junto con la mostaza y el queso fresco, incorporando de a poco el aceite.

• Al batir, emulsionar como una mahonesa y salpimentar.

• Verter esta crema sobre los champis reservados en la cazuela y calentar suavemente, como si fuera un sabayón.

• Hacer las hamburguesas en una sartén, vuelta y vuelta.

• Colocar las hamburguesas sobre el panecillo tostado, cubrir con los champis cremosos y rematar con el huevo escalfado escurrido, caliente.

• Cerrar el panecillo.

Listo.

MOLLETE «LA COLORÁ»

INGREDIENTES

1 pan de mollete
Aceite de oliva virgen extra
1 naranja pequeña
1 pizca de azúcar
1 trozo de queso fresco de Burgos

PREPARACIÓN

· Tostar un mollete abierto en dos.
· Empaparlo de aceite de oliva y rociarlo con un poco de zumo de naranja y de azúcar, todo generosamente.
· Romper por encima el queso fresco en gajos.
Listo.

PAN TIPO «MUFFIN»

INGREDIENTES

300 ml de leche
40 g de levadura fresca
2 soperas de azúcar
650 g de harina
2 puntas de levadura en polvo
2 cucharaditas de sal

PREPARACIÓN

· Entibiar la leche en el microondas.
· Disolver en la leche la levadura fresca y el azúcar.
· Mientras, mezclar en un bol de batidora la harina, la levadura en polvo y la sal.
· Hacer un pozo en la mezcla anterior e incorporar la de leche tibia, mezclando.
· Cuando se forme una bola, meter el bol en la batidora eléctrica y, con el gancho,
amasar suavemente unos 10 min.
· Meter la masa en un bol sobre un paño enharinado y dejar fermentar durante 10 min.
· Extender la masa en una bandeja sobre el paño, hasta 2 dedos, enharinando
la superficie.
· Cubrir con otro paño y dejar fermentar en un sitio cálido durante 90 min.
· Con un vaso o similar, hacer discos de 10 cm y dejarlos sobre el paño y la bandeja.
· Con los recortes, amasar, estirar y cortar hasta que agotemos la masa.
· Cubrir con un paño y dejar fermentar 30 min. más.
· Tener una sartén antiadherente al fuego suave.
· Cuando esté caliente, colocar las porciones de masa, pincelar con agua la superficie
de cada bollo y cocinar 5 min. por cada lado.
· Utilizar la tapa para crear un efecto horno-vapor en la sartén.
· Escurrir los bollos y dejar que se enfríen.
Listo.

Abiertos en dos con mermelada y mantequilla, flipas en cinemascope.
O rellenos de queso untable y salmón o para hacer bocatas de toda suerte y condición.

PERRITO DE GAMBAS

INGREDIENTES

3 cucharadas de queso fresco
150 ml de salsa mahonesa
1 pizca de mostaza
1 rama de apio picada
1 pizca de kétchup
1 chorrete de salsa inglesa tipo Worcestershire
1 ramita de estragón
1 pizca de coñac
1 pizca de tabasco
1 limón
1 pizca de miel
500 g de gambas cocidas peladas
Cebollino picado
4 panecillos tiernos tipo perrito
1 pizca de mantequilla

PREPARACIÓN

· En un bol mezclar el queso, la mahonesa, la mostaza, el apio, el kétchup, la salsa inglesa,
el estragón picado, el coñac, el tabasco, el zumo y la ralladura de limón y la miel
y salpimentar, mezclando.
· Sobre la tabla picar a cuchillo las gambas peladas, dejándolas en trozos regulares,
añadirlas a la salsa junto con el cebollino, mezclar y dejar refrescar en la nevera.
· Sobre la tabla rebanar los panecillos eliminando el exceso de corteza y abrirlos
en forma de libro sin separarlos.
· En una sartén con mantequilla, dorar los panecillos por las dos partes planas.
· Rellenarlos con el relleno bien fresco.
Listo.

Acompañar con muchas patatas fritas crujientes.

SÁNDWICH DE SALMÓN Y MAHONESA DE WASABI

INGREDIENTES

300 g de salmón ahumado loncheado fino

30 g de pasta de wasabi

90 g de salsa mahonesa

150 g de manzana verde tipo granny smith

Zumo de limón

225 g de bulbo de hinojo

3 pepinillos encurtidos

1 puñado de hojas de cilantro

1/2 puñado de hojas de menta

1 puñado de hojas de perejil

1 pan de centeno de miga tierna

1 pizca de aceite de oliva virgen extra

PREPARACIÓN

· En un bol mezclar bien los 30 g de pasta de wasabi con la mahonesa, hasta que quede todo homogéneo.

· Cortar la manzana con piel en dados de 5 mm, colocarlos en un bol y agregarles unas gotas de zumo de limón para que no se oxide.

· Laminar bien fino el hinojo con la mandolina y hacerle unos cortes para que al comer no haya trozos grandes, y reservarlo en un bol con mucha agua con hielo para que se rice y quede terso.

· También con la ayuda de la mandolina, laminar los pepinillos en láminas finas.

· Lavar y escurrir las hojas de perejil, cilantro y menta.

· Cortar el pan en rebanadas de 0,5 cm y tostarlo en una sartén con 1 gota de aceite de oliva virgen extra.

· En cada rebanada de pan, untar generosamente la mahonesa de wasabi, esparcir por encima unos dados de manzana, colocar el pepinillo laminado y el salmón ahumado e ir intercalando entre ambos las hojas de hierbas, terminando con unos puntos de mahonesa de wasabi y el hinojo laminado, bien escurrido y aliñado con unas gotas de aceite de oliva virgen extra.

· Cerrar con la otra tapa.

Listo.

TORTAS DE HUEVO Y AGUACATE

INGREDIENTES

1 diente de ajo

1 ramillete de cilantro fresco

1 tomate de colgar

1 limón

1 aguacate

1 lata de atún claro al natural

2 tortas de arroz

2 huevos

1 chalota

1 botellín de salsa picante

PREPARACIÓN

· En el mortero majar el ajo con sal y medio ramillete de cilantro, y añadir el tomate.

· Majar con la mano del mortero añadiendo la pizca de aceite y el zumo de limón.

· Abrir el aguacate en dos, rajarlo con el cuchillo y, con una cuchara, echar los dados al mortero, incorporar el atún y mezclar.

· Colocar el aguacate aliñado sobre las dos tortas de arroz.

· En una sartén, hacer los huevos a la plancha y colocarlos sobre la torta, salpimentando generosamente.

· Por último, cortar en tiras la chalota y a tijera el otro medio ramillete de cilantro, aliñarlos con aceite de oliva y remover.

· Colocar la chalota aliñada sobre los huevos.

· Servir con salsa picante para pringarlo todo y sentir una punzada en el cogote.

Listo.

TOSTADA DE JAMÓN Y QUESO

INGREDIENTES

2 yemas
100 ml de nata
1 sopera de mostaza
100 g de queso comté rallado
2 molletes de pan grandes partidos en dos
8 cucharadas de cebolla pochada y escurrida
6 lonchas de jamón ibérico hermosas y finas

PREPARACIÓN

• Horno grill.
• Batir las yemas con la nata, la mostaza y el queso, y salpimentar.
• Tostar las rebanadas de pan en la tostadora.
• Extender la cebolla pochada sobre cada tostada y colocar encima la crema recién hecha.
• Gratinar las tostadas en el horno hasta que se doren bien.
• Antes de servir, colocar con delicadeza el jamón ibérico sobre las tostadas.
Listo.

TOSTADA DE PEPINO, MENTA Y SALMÓN

INGREDIENTES

1 pepino pequeño
1 diente de ajo
1 pellizco de comino
1 ramillete de menta fresca

1 sopera de salsa mahonesa
1 sopera de yogur
1 rebanada hermosa de pan negro
3 lonchas finas de salmón ahumado

PREPARACIÓN

· Rallar el pepino y aplastarlo con el puño para eliminar el agua entre los dedos y quedarnos con la pulpa seca.
· Majar en un mortero el ajo con el comino, la menta y sal.
· Mezclar en un bol el pepino escurrido, el majado, la salsa mahonesa y el yogur, y salpimentar.
· Extender el aliño sobre la rebanada de pan negro.
· Colocar por encima el salmón ahumado, armoniosamente y con volumen.
· Esparcir unas hojas de menta rotas para rematar y derramar 1 hilo de aceite de oliva virgen extra.
Listo.

TRENZA INTEGRAL DULCE Y SALADA

INGREDIENTES

Para la masa:
225 g de harina de fuerza
50 g de harina integral
80 g de leche
1 huevo
15 g de miel
10 g de azúcar moreno
25 g de mantequilla
15 g de nueces molidas finamente
12 g de levadura
3 g de sal

Para el relleno:
15 g de nueces
40 g de higos secos
40 g de mantequilla
30 g de miel

Para la glasa:
50 ml de agua
100 g de azúcar
1 sopera de zumo de limón

PREPARACIÓN

· Mezclar todos los ingredientes de la masa (quedará un poco pegajosa).
· Dejarla reposar 10 min. y amasarla hasta que esté homogénea (5-8 min.).
· Dejarla fermentar cubierta durante 1 hora.
· Estirarla sobre la mesa hasta formar un rectángulo de 50 × 25 cm.
· Mezclar los ingredientes del relleno y distribuirlos uniformemente sobre el rectángulo de masa estirada sobre la mesa.
· Enrollar, cortar en dos a lo largo y trenzar con las manos.
· Dejar fermentar durante cerca de 3 horas, hasta que la masa se esponje y crezca.
· Si para entonces sigue aún muy tiesa, dejar que fermente más tiempo en un lugar más ventilado y menos frío.
· Cocerla 27-30 min. a 180-200 °C, horno arriba y abajo (a 160 °C con el ventilador).
· Mientras se hornea, preparar la glasa hirviendo los ingredientes y, una vez fría, pincelar con ella la trenza al sacarla del horno para que quede con un aspecto brillante y apetitoso.
· Dejarla enfriar.
Listo.

Guarniciones, salsas & vinagretas

———

CHUTNEY DE MANGO

INGREDIENTES

1 pizca de cayena picada

1 sopera de vinagre de sidra

75 g de azúcar moreno tipo moscovado

50 g de cebolleta picada

1 diente de ajo picado

500 g de mango en dados

50 g de uvas pasas remojadas en agua

60 g de almendras tostadas

25 g de jengibre fresco

1 ramillete de albahaca

PREPARACIÓN

· En un sauté cocinar durante 15 min. la cayena, el vinagre, el azúcar, la cebolleta, el ajo, el mango fresco en dados y las pasas escurridas.

· En un mortero majar las almendras con el jengibre y las hojas de albahaca.

· Una vez pasado el tiempo de cocción, incorporar el majado al sauté sobre el fuego y dar unas vueltas con una cuchara de madera.

· Retirarlo y dejarlo enfriar.

· Si vemos que queda demasiado fluido, devolverlo al fuego unos minutos más para que quede más concentrado y sujeto cuando se enfríe.

Listo.

«HARISSA»

INGREDIENTES

2 dientes de ajo
1 chile rojo fresco
1 cucharadita de comino
1 cucharadita de coriandro en grano
1 cucharadita de granos de hinojo secos
150 g de pimiento rojo asado
1 sopera de pulpa de choricero
1 limón
1 chorrazo de aceite de oliva virgen

PREPARACIÓN

· En una sartén dorar los ajos laminados y el chile con el aceite.
· Añadir las especias y rustir suavemente.
· Echar el refrito en el vaso de una batidora junto con el pimiento, el choricero, la ralladura y el zumo de limón, y batir para convertirlo en una pulpa cremosa.
· Rectificar la sazón, meterla en un frasco y cubrirla de aceite para mantenerla en la nevera como si fuera un pesto, pero rojo y más potente.
Listo.

Aguanta en la nevera 1 semana aprox.
Sirve para añadir a un guiso, a una vinagreta, para darle fortaleza a un sofrito o a una salsa de tomate.

PURÉ DE COL

INGREDIENTES

4 patatas medianas peladas
1 col pequeña en tiras anchas
100 ml de aceite de oliva
7 dientes de ajo laminados
1 chile
100 ml de leche caliente
100 g de mantequilla
Cebollino picado

PREPARACIÓN

· Poner a cocer las patatas troceadas en agua con sal, durante 25 min.
· Añadir sal al agua hirviendo e incorporar la col troceada.
· En una sartén sofreír los ajos con el aceite y el chile, colando el refrito sobre
la col hirviendo para que deje todo su gusto en la cazuela.
· Hervirla destapada durante 25 min.
· Escurrir las patatas y las coles, separándolas con paciencia en una fuente.
· Triturar las patatas calientes con la túrmix o el pasapurés, añadir la leche y la mantequilla,
y salpimentar.
· Mezclar la berza escurrida entera con el puré, rematando con el cebollino.
· Rectificar la sazón.
Listo.

La mejor guarnición para este puré de col es 1 buena morcilla de cebolla cocida.

PURÉ DE BONIATOS

INGREDIENTES

300 g de boniatos pelados en rodajas finas
50 g de mantequilla
100 ml de nata líquida
8 dátiles secos deshuesados
1 mandarina

PREPARACIÓN

· En un sauté echar la mantequilla y los boniatos, cubrirlos con agua y salpimentar.
· Arrimar a fuego suave durante 25 min. o hasta que se evapore el caldo y queden hechos.
· Añadir la nata y reducir a fuego suave unos minutos, para que se integren y formen una crema.
· Triturar el puré en la batidora americana.
· Picar los dátiles e incorporarlos al puré, removiendo fuera de las hélices para que se noten los tropezones, y agregar la ralladura de la mandarina.
· Salpimentar.
Listo.

Queda estupendo si se acompaña con los gajos de la mandarina pelada salteados en mantequilla unos segundos, para acompañar cualquier asado o carne a la parrilla. La mezcla de fruta y puré es extraordinaria.

PURÉ DE COLIFLOR Y CURRY

INGREDIENTES

600 g de coliflor
300 ml de agua
1 pellizco de curry
4 dientes de ajo
50 ml de aceite de oliva virgen extra
1 chile fresco
250 g de mantequilla
1 manojo de cebollino fresco

PREPARACIÓN

· Limpiar la coliflor y soltarla en ramilletes pequeños.
· Colocar en una olla a presión la coliflor cubierta con agua y espolvorear el curry.
· Hacer un refrito con los ajos laminados, el aceite y el chile.
· Colar el refrito sobre la coliflor mientras hierve al fuego.
· Cerrar y cocerla en la olla durante 10 min. a partir de que comience a silbar.
· Una vez pasado el tiempo, abrir la olla con mucho cuidado, enfriando la tapa con agua fría.
· Escurrir la coliflor y triturar la parte sólida en la batidora americana a la máxima potencia para que el puré quede muy cremoso, incorporando la mantequilla fría en dados.
· Ponerlo a punto de sal y pimienta.
· Añadir el cebollino cortado en tallos de 1 cm y remover.
Listo.

SALSA
AL VINO TINTO RÁPIDA

INGREDIENTES

2 chalotas picadas
1 pedazo de tuétano de vaca
1 pizca de harina
Perejil + tomillo + laurel
300 ml de vino tinto
100 g de mantequilla
1 limón
1 chorrete de coñac

PREPARACIÓN

· En una olla sofreír a fuego suave la chalota con el tuétano.
· Hacer un ramillete con las hierbas y añadirlo al fondo.
· Añadir la harina y sofreír 1 min.
· Agregar el vino y reducir a la mitad a fuego manso.
· Colar el jugo resultante y, sin dejar de batir con una varilla, añadir de a poco la mantequilla.
· Al final, rallar el limón, añadir 1 pizca de zumo para desgrasar la salsa y perfumar con un chorrete de coñac.
Listo.

Para acompañar pescados o carnes rojas.

SALSA AMERICANA

INGREDIENTES

1 kg de cabezas de marisco congeladas
4 dientes de ajo
1 ramillete de perejil
1 zanahoria picada
2 cebolletas picadas
1 pizca de arroz
2 tomates frescos
2 soperas de tomate concentrado
1 tarro de salsa de tomate
1 chorrete de vino blanco
1 chorrete de armañac
1 chorrete de vermú blanco
2 l de agua
1 pellizco de mantequilla

PREPARACIÓN

· En una olla con aceite dorar las cabezas, apretando bien para que se tuesten con ganas.
· Majar el ajo y el perejil y añadirlo a la olla, rustiendo para que suelte su perfume.
· Aplastar el fondo con la mano de mortero para que las cabezas de marisco suelten su sustancia y se caramelicen.
· Agregar la zanahoria, la cebolleta y 1 pellizco de arroz, y sofreír.
· Añadir los tomates troceados, el tomate concentrado y la salsa de tomate, y sofreír 25 min.
· Entonces, echarle el vino, el armañac y el vermú y reducir los licores unos minutos, sin dejar de dar vueltas.
· Mojar con el agua caliente y cocer destapado durante 25 min.
· Transcurrido el tiempo, triturar y colar perfectamente la salsa para que quede bien fina.
· Si queda demasiado ligera ponerla a hervir a fuego suave, para que concentre el sabor y se espese.
· Entonces, ligarla con 1 pellizco de mantequilla, menearla con unas varillas y salpimentarla para ponerla a punto.
Listo.

SALSA BEARNESA EXPRÉS

INGREDIENTES

4 yemas de huevo
1 huevo
4 soperas de nata doble o yogur
1 chorrazo de vinagre de sidra
1 gota de salsa picante
150 g de mantequilla fría en dados
Estragón fresco

PREPARACIÓN

· En un bol sobre un baño maría, mezclar las yemas con la nata, el vinagre,
la salsa picante y sal.
· Darle caña a la varilla, hasta que se vaya espesando y adquiera el aspecto de salsa
o sabayón.
· Entonces, añadir de a poco la mantequilla, integrándola sin dejar de batir.
· Fuera del fuego, con la salsa ya espesa, agregar el estragón picado a tijera.
· Salpimentarla.
Listo.

Cojonuda con verduras hervidas o carnes y pescados asados.
Es un clásico, pero resuelto con atajo y con un resultado extraordinario.

SALSA DE OLIVAS

INGREDIENTES

350 g de olivas negras y verdes deshuesadas
4 dientes de ajo pelados
2 soperas de alcaparras
8 filetes de anchoa en salazón
200 ml de aceite de oliva virgen extra

PREPARACIÓN

· Echar en la batidora las olivas negras y las verdes, los ajos, las alcaparras, las anchoas y la mitad
del aceite de oliva.
· Triturar a velocidad media, añadiendo poco a poco el aceite de oliva restante.
· Guardar en un tarro bien tapado.
Listo.

VINAGRETA DE TOMATE

INGREDIENTES

6 tomates rama maduros
2 chalotas
1 diente de ajo
1 sopera de mostaza de Dijon
2 tallos de albahaca picados
10 ml de vinagre de Jerez
70 ml de aceite de oliva virgen extra
Sal y pimienta

PREPARACIÓN

· Cortar cada tomate en 6 u 8 trozos, laminar el ajo y picar la chalota en tiras.
· En un vaso americano o con la túrmix triturar el tomate, el ajo, la chalota, los tallos de albahaca y la mostaza.
· Agregar el aceite y el vinagre, salpimentar y mezclar bien.
· Pasar toda la mezcla por un colador fino apretando bien y rectificar la sazón.
Listo.

Esta vinagreta sirve para acompañar un pescado asado o un salmón ahumado.
Podemos enriquecerla con medios tomates cherry crudos añadidos al final
y unas hojas de albahaca partidas con las manos.

Bebidas

———

BATIDO DE FRESAS Y ALBAHACA

INGREDIENTES

1 pellizco de hojas de albahaca
1 puñado de fresas limpias
1 gota de vinagre de PX
1 yogur natural
200 ml de leche
1 pizca de miel

PREPARACIÓN

· Triturarlo todo en la batidora y listo.

Si queremos que esté frío, añadir 1 cucharada de hielo en escamas en la batidora.

BATIDO VERDE

INGREDIENTES

2 kiwis
1 pellizco de hojas de menta
1 yogur natural
200 ml de leche fría
1 chorrete de miel

PREPARACIÓN

· Pelar los kiwis.
· Triturarlo todo en la batidora y listo.

Si queremos que esté frío, añadir 1 cucharada de hielo en escamas en la batidora.

BATIDO DE PLÁTANO Y MARACUYÁ

INGREDIENTES

3 plátanos
3 maracuyás o frutas de la pasión
300 ml de yogur natural
100 ml de leche
1 sopera de miel

PREPARACIÓN

· Rescatar las pulpas de los maracuyás con una cuchara.
· Mezclarlo todo en la batidora americana y servirlo helado.
· Podemos añadir unos cubos de hielo al triturar para que enfríe exagerado.
Listo.

BLOODY MARY «CHICANO»

INGREDIENTES

4 tomates muy maduros
1 chorrete de zumo de lima
1 pizca de sal de apio
1 pizca de pimienta molida
1 pizca de salsa Worcestershire
1 pizca de salsa de chile habanero
1 chorrete de kétchup
1 chorrete de mezcal
4 coscorros de hielo
1 pizca de angostura
1 rama de apio

PREPARACIÓN

· Trocear el tomate y pasarlo por la licuadora.
· En una coctelera echar hielo con el resto de los ingredientes y el zumo de tomate, y agitar con gracia.
· Servir en vaso helado con unas gotas de angostura.
Listo.

CÓCTEL «PICON PICONIER»

INGREDIENTES

1 chorrito generoso de granadina
2 chorritos generosos de Picon
Soda abundante
1 limón
Hielo a cascoporro

PREPARACIÓN

· Manchar el fondo del vaso con la granadina, que aromatice el vaso.
· Verter el doble de cantidad de Picon y el zumo del limón.
· Completar con coscorros de hielo y abundante soda.
· Remover y beber bien fresco.
Listo.

LIMONADA DE CAQUI

INGREDIENTES

2 caquis hermosos y dulces
1 limón
1 l de gaseosa muy fría
Hojas de menta

PREPARACIÓN

· En una batidora de vaso poner la fruta pelada y el zumo del limón, y batir para obtener una pulpa ligada como un puré.
· Verterla en una jarra muy grande, si es necesario colada para que quede más fina, y derramar sobre ella la gaseosa muy fría.
· Echar mucho hielo en la bebida, con hojas de menta rotas para aromatizar, y menear sin agitar demasiado para que la gaseosa no pierda demasiada burbuja.
· Si el dulzor de la gaseosa no nos va, podemos sustituirla por agua con gas fresca. Listo.

MARIANITO «ROJO»

INGREDIENTES

1 pomelo
Coscorros de hielo
100 ml de zumo de granada
100 ml de Campari
300 ml de vermú rojo
1 botella de champán helado

PREPARACIÓN

· Sacarle las cortezas y los gajos al pomelo con un cuchillo afilado.
· Meter todo el pomelo en una jarra con mucho hielo.
· Añadir el zumo de granada, el Campari y el vermú, y remover.
· Acabar derramando con cuidado el champán para que no pierda la burbuja.
· No agitarlo demasiado.
Listo.

PEPÍN-FIZZ

INGREDIENTES

2 limas
1 pepino mediano
1 chorrete de almíbar frío
1 chorrazo de agua con gas
Hielo a cascoporro

PREPARACIÓN

· Trocear el pepino y las limas, y obtener el zumo en una licuadora.
· En un vaso colocar el hielo, verter el licuado y enriquecer con el almíbar frío.
· Derramar el agua con gas y remover con cuidado.
Listo.

PONCHE REFRESCANTE

INGREDIENTES

1 l de vino tinto de maceración carbónica
0,5 l de agua mineral
150 g de ciruelas pasas en dados
150 g de orejones de melocotón en dados
1 astilla de canela
1 limón
150 g de azúcar
1 chorrazo de vino moscatel navarro
El zumo de 3 naranjas
1 refresco de limón
1 refresco de naranja
Hielo a cascoporro

PREPARACIÓN

· En una olla hervir medio litro de vino con el agua, las ciruelas, los orejones, la canela, las cortezas de limón y el azúcar.
· Apagar el fuego, cubrir para que coja gusto y refrescarlo sobre la encimera.
· Meterlo en la nevera.
· Al preparar la bebida, echar el vino hervido y frío en una jarra y derramar el otro medio litro de vino tinto, el moscatel, el zumo, los refrescos y mucho hielo.
· Remover.
Listo.

TRAGO DE GINEBRA Y CEREZA

INGREDIENTES

1 chorrete de ginebra seca
1 chorrete de granadina
1 botellín de bíter con alcohol
1 guinda hermosa
Hielo a cascoporro

PREPARACIÓN

· En un vaso de coctelera echar hielo, la ginebra y la granadina, removiendo.
· Añadir el bíter con alcohol y remover sin que se vaya la burbuja.
· Verter en una copa helada tipo martini y dejar caer una guinda al fondo para que parezca un trago de James Bond, el Agente 007.
Listo.

TRAGO DE CHAMPÁN Y LIMÓN

INGREDIENTES

1 chorrete de *limoncello*
Unas gotas de angostura
Champán muy frío

PREPARACIÓN

· En una copa de flauta colocar el chorrete de *limoncello* y las gotas de angostura.
· Derramar el champán muy frío.
· Si nos gusta helado, echarle un par de hielos sin ningún complejo.
Listo.

ÍNDICE DE RECETAS

Legumbres & verduras

Pastas, arroces & huevos

Pescados, mariscos, moluscos & crustáceos

Bocadillos, sándwiches, panes & bollería

Guarniciones, salsas & vinagretas

Bebidas

ÍNDICE DE INGREDIENTES

Descubre tu próxima lectura

Si quieres formar parte de nuestra comunidad,
regístrate en **libros.megustaleer.club**
y recibirás recomendaciones personalizadas

Penguin
Random House
Grupo Editorial

megustaleer